文春文庫

老後の真実

不安なく暮らすための新しい常識

文藝春秋編

文藝春秋

老後の真実　不安なく暮らすための新しい常識　目次

HEALTH 歳のせいで物忘れがひどいという誤解　池谷裕二　8

MONEY 財産が少ないほど相続でもめる　木村晋介　22

HEALTH 寝たきりになると長いは迷信　柴田博　37

MONEY 投資より現金　荻原博子　49

対談 晴れ晴れと年をとる　金子兜太・吉行和子　63

HEALTH ほとんどのがんは遺伝しない　坪野吉孝　81

対談　ひとり暮らし　終の棲家を探して　川本三郎・吉本由美　93
HOUSE　終の棲家選びの落とし穴　長岡美代　111
HOUSE　誰も言わない老人ホーム入居の心得　松田浩治　127
HOUSE　在宅で安心して死ねる日がやってくる　奥野修司　137
HOUSE　できるだけ長く自宅で暮らすための知恵　長岡美代　154
HEALTH　糖尿病の最新常識　カロリー制限は大間違い　牧田善二　173

FOOD　その食べかた、間違っています　葛谷雅文　183
HEALTH　男も女も更年期後にほんとうの危機がやってくる　秋下雅弘　195
HEALTH　EDは大病の予兆　丸茂健　209
SEX　性と恋愛　六十歳からのリアル　小林照幸　218
HEALTH　人はどう老いてきたのか　柴田博　237
BOOK　読書案内　名著で読む「老後」　東谷暁　247

本書は、文藝春秋SPECIAL「これからの常識――老後の真実」(二〇一一年春号)、「老後の核心――続・老後の真実」(二〇一一年夏号)を再編集したものです。

老後の真実

不安なく暮らすための新しい常識

HEALTH

インタビュー 歳のせいで物忘れがひどいという誤解

つい最近のことが思い出せない、記憶力が低下した……。すべて歳のせいで脳が衰えたからという思いこみを覆す。

池《いけ》谷《がや》裕《ゆう》二《じ》
（脳研究者・東京大学准教授）

物忘れや記憶力の低下は、歳をとったことによる脳の衰え――そんなふうに思っている中高年の方がたくさんいらっしゃるようですが、私はそれは違うと思っています。脳は歳をとっても簡単には衰えません。むしろ、歳をとればとるほど向上する脳の働きもあるのです。それが直感力。直感力は四十歳を過ぎてからのほうが鋭くなります。その理由を説明する前に、まずは、直感とはなにか、ということからお話ししていきましょう。

今の世の中は日常的に直感というと、霊感やヤマ勘みたいなスピリチュアルなものをさすことが多いかもしれませんが、ここでいう直感はそうではありません。直感力とは、無自覚的に、無意識にできてしまう能力のこと。何かを察する力や行間を読んだりする力のことです。先天的なものではなく、後から経験によって会得したもの。それを脳研究では「直感」と呼びます。

センスは直感の一種です。ファッションのセンスだけでなく、もっと生き方全般、たとえば、状況判断が早いとか、的確であるとか、目が利くとか、そういうセンスもすべて直感です。贋作か本物かを見分ける骨董屋の目、これも直感になります。料理のセンスもそうですね。塩少々、といったときの〝少々〟は、どれくらいですかと聞かれて、自分ではわかっていても言葉では的確に説明ができない。少々は少々でしょ、って。この感じです。

スポーツのセンスもそうです。筋力は衰えていくので、ある年齢を過ぎると現役選手として活躍することは難しくなりますが、コーチや監督になって、若いときとは違った試合のカンみたいなものが発揮されてくることがある。そういうことは若い人には難しくて、歳をとらないとできない。長年経験したことによって養われるのが直感力なのです。

直感と似た能力として「ひらめき」があります。どちらもふとしたときに思いつく、という意味では似ていますが、脳の研究ではまったくの別モノで、脳内メカニズムが違います。直感とひらめきの違いは、理由を言葉で説明できるか、できないか、ということ。ひらめきは、思いついた後にその理由を説明できます。「あのときは気づかなかったけれど、今ならわかる。こうなって、こうなったからこうなったんですよ」という具合に。

しかし直感は、自分でも理由がわからない。ただなんとなくという感覚。初めて扱う食材だけど、こんなふうに味付けしたらおいしいんじゃないかと思って、実際にやってみたらおいしくできた——というような、曖昧な感覚だけれど〝はずさない〟感じ。理由を説明できなくても、「こうかも」という確信。そういうものが直感です。

直感力は四十歳を過ぎてから鋭くなる

なぜ自転車に乗れるのか、なぜ箸が使えるのか、なぜピアノがひけるのか。言葉では説明できませんよね。モーツァルトのピアノソナタを弾くときは指のこの筋肉をこれくらい収縮させながら、同時に上腕二頭筋をこれくらい弛緩させて……なんて説明はできない。そういう言葉にならないけれど無意識に身体が覚えている記憶を「手続き記憶」といいます。一方、言葉で説明できる記憶は「陳述記憶」といって、人間の記憶は大きく分けるとこの二つのパターンのどちらかです。手続き記憶を司るのは脳の大脳基底核（＝以下、基底核）で、身体を動かすことに関連したプログラムを保存しています。そして、直感も基底核から生まれるのです。

身体に関係した基底核から、なぜ身体とは関係なさそうな直感が生まれるのか。それはこういうことなんです。たくさんの筋肉が正確に協調し合って働く、すごく高度な運動。それを無意識のうちに脳が緻密に計算することで、私たちは毎回失敗せずに箸を持ったり自転車を漕いだりする動きができるわけです。さらに、手続き記憶は繰り返し訓練することによって身につく。繰り返し何度も練習することで基底核が修得してくれるのです。

「無意識」と「繰り返すことで身につく」ということ。まさにこれは直感と同じなんですね。先ほどお話ししたように、目利きとか、状況判断とか、料理のセンスなどの直感力は、訓練すればするほど鋭くなり、一度獲得したものはなかなか消えないという面が強い。逆にいえば、経験に裏付けられていないカンは直感とはいえません。訓練、つまり、若い頃から積んだいろいろな経験によって直感力が養われていくということで、二十代や三十代よりも四十代以降、歳をとるほど直感力が強くなる理由はそこにあるのです。

人間の脳はだいたい二十歳になるまでに、生まれたときから三倍くらいの大きさにまで成長し、それ以降は安定するとされています。ところが今から十一年くらい前に、一部の脳部位は大人になっても成長を続けることが発見されました。それが前頭葉と、基底核です。つまり、基底核から生まれる直感力も年齢とともに成長していくということなんですね。

脳が衰えないということに関して、興味深いデータがあります。五年程前にオランダ人の女性が百十五歳で亡くなり、その脳を解剖して調査してみると、神経細胞の数、シナプス（神経細胞のつなぎ目）の数、タンパク質の量、遺伝子の状態など、脳の機能が若い人とほとんど変わらないことがわかったのです。すごいですよね。もちろん、一例でものをいってはいけませんが、このデータを見て、脳はやっぱり簡単には衰えないんだなという私の思いはますます強くなりました。もともと脳自体は四十歳以降のほうがむしろ働きが活発になるといわれているのですが、百二十歳でも現役だということは、半分の六十、つまり還暦はまだ〝脳人生〟は半ばということなんです。

脳の衰えと感じることの多くは、身体の衰えからきている

一般に「脳が衰えた」というとき、身体の衰えを脳の衰えと思い込んでいる場合が多いのではないでしょうか。身体の衰えのほうが脳の衰えよりも早いので、おそらくそれが反映されているのではないかと私は考えます。たとえば、本を読むのが好きな人が「若い頃は三、四時間ずっと本を読んでいたのに、最近は三十分くらいで集中力が落ちちゃって。歳とったなあ、脳が衰えたかなあ」といったりしますが、これは身体の衰えだと考えたほうが素直だと思います。

本を持って三時間その姿勢でいるのは、ものすごく体力を使う。腕は痛くなるし、目も疲れてくる。普段から鍛えていないから、なんだか身体がもぞもぞして集中力がなくなってしまう。これは脳の衰えではなく、身体の衰えです。それをなんとなく脳のせいにしているというのが現状ではないでしょうか。

歳をとったから物忘れがひどい、というのも誤解だと思います。物忘れやど忘れが増えたと思ってしまう理由の一つは、子供の頃に比べて大人はたくさんの知識を

頭の中に詰めているから。そのたくさんの要素の中から思い出すのに時間がかかるからなのです。もう一つの理由に、時間が経つのが早く感じられてしまう、というのがあります。たとえば、つい最近会ったのにあの人の名前が出てこない、というようなことがある。でもそれは、つい最近ではない場合もあるんです。

子供がいう〝つい最近〟は、三日前とか、長くても一週間前。それ以上は大昔です。でも私たち大人は十日前のことだったら、つい最近といいますよね。半年くらい前のことでも、つい最近といってしまうこともある。その半年の間に、新たにたくさんのことを頭に入れているので、思い出すのに時間がかかってしまうのです。それは仕方のないことなのに、「つい最近のことが思い出せない」と、必要以上に気にしてしまうパターンが多いのです。

子供でも一回覚えたことを半年間まったく出力しないと忘れます。子供のすごさは、忘れる早さ。気の毒なくらいよく忘れます。覚えるのも早いけど、忘れるのも早い。大人よりも早いかもしれません。たとえば、幼い頃からアメリカで暮らして英語がペラペラになった子供が、小学校三年生くらいで日本に帰ってきて、まったく英語を使う機会がないと、あっという間に英語が喋れなくなってしまう。そういうことがよくありますね。

ど忘れの回数は、子供も年配者もほとんど変わらない

ど忘れも、歳とともにひどくなるとよくいわれますが、これも誤解です。二年くらい前に日本で大規模な調査が行われたのですが、それによると、ど忘れの回数は子供でも年配者でもほとんど一定で変わらないのです。大人のど忘れが増えたような気がする理由の一つは、さきほどの物忘れと同じで、時間が早く感じられること。子供に、つい最近のど忘れの数はいくつありますか、と聞くと、子供は三日～一週間以内のど忘れの数をカウントする。大人の場合は過去半年間のど忘れの数を数えたりします。だから、すごくたくさんあるように感じてしまうわけです。

それに、子供のほうが、ど忘れ、つまり〝置き忘れ〟や〝し忘れ〟はすごく多いですよね。「あれ、僕、鍵どこに置いたか忘れちゃった」とか、「体操着忘れてきちゃった」とか、しょっちゅうです。大人のほうがど忘れは減っているといっても過言ではないかもしれない。

大人と子供の決定的な違いは何かというと、子供はど忘れしても、「あ、やっちゃったな～」みたいに落ち込んだりしない。でも大人はすぐに「歳だからな」と気

に病んだり、「これって何かの前兆かな……」と不安になってみたりと、ショックに感じることが多い。だからよけいダメージが大きくなるんですね。

脳も、記憶力も、いわれているほどは衰えません。それに関しておもしろい研究データがあります。生後半年以内の若いウサギと生後二〜三年の老ウサギを使って大脳皮質の海馬の性能を測定しました。海馬は記憶を司るところです。ブザー音を聞かせてからウサギの目に空気をしゅっと吹きかけます。これを何度も繰り返すと、そのうちウサギはその流れを覚えて、ブザー音が鳴ると空気が来るぞとわかって目を閉じるようになる。結果、若いウサギは約二百回、老ウサギは約八百回で覚えました。これをみると、ウサギも歳をとると確かに記憶力が低下する。記憶のスピードが四分の一くらいになって、海馬の性能が年齢とともに衰えているように見えます。でも次に、θ《シータ》波という脳波が出ているときの状態を調べてみたところ、老ウサギが学習して記憶する力は若いウサギとほとんど差がなく、とても優秀な成績だったのです。

θ波は興味をもってわくわくするときや、次はどうなるのか知りたい、というような気持ちのときに出ます。つまり、θ波が出ているときなら、若者と同じだけのパフォーマンスを発揮することは充分にできるのです。脳そのものは歳をとったからといって衰えはしない。最近歳とっちゃって……と、脳を嘆く前に、そもそも自分が若い気持ちを持っているか、物事に興味を持っているのかどうか、が問題です。

記憶力を維持するには好奇心を失わないこと

とはいえ、身体の機能が衰えてくると興味も衰えてくるのはよくあること。大人にとって怖いのはマンネリ化です。世の中のことにいろいろと慣れてしまって、レストランに行ってもいつも同じメニューで変わりばえしないと思ったり、新しいドラマを見ても、こういうストーリーってよくあるよな、と思ったり、なんでも当たり前に感じてしまってはいないでしょうか？　気持ちがマンネリ化するとθ波は出ません。歳をとっても好奇心を持っていろんなことを楽しむという姿勢は、記憶力を衰えさせないためにも大切なことです。

みなさんは脳は何のためにできたと思いますか？　よく学生に質問すると、だいたいとんでもない答えが返ってきます。「考えるため」とか「意思決定のため」とか。もちろん、それは大きな間違いです。脳は思考のためにできたのではありません。たとえばミミズの脳は、俺は何のために生きているんだろうと自分探しをしたり、将来が不安だなあと死を案じてみたり、そんなことを考えるためにあるのではなく、餌があったら近くへ寄って行くとか、敵が来たら避けるとか、身体感覚を身体運動に変えるためにある。感覚を運動に変える。つまり、脳は身体に密接に結びついているんです。

じつは手続き記憶は当初、身体を司るために使われていました。今も下等な動物たちの脳は身体のためだけに使われています。でも人は違います。人はおそらく進化の過程で、繰り返し訓練することによって身につく手続き記憶の回路がとても便利だったので、それを直感力にも転用したのだと思われます。本来の目的と違う目的に使い回していったんですね。

私たちの脳は身体を中心に成り立っている。そのことをさらに納得させてくれる最近の研究論文をご紹介しましょう。科学誌「サイエンス（Science）」で紹介されたものです。

箸を口にくわえて漫画を読む実験をします。箸を縦にして「んーっ」と上唇で噛むスタイルと、横にして「いーっ」と噛むスタイル、その二つのスタイルで漫画を読み、それぞれの漫画のおもしろさに十点満点で点をつけます。すると、箸のくわえ方によって点数が違うのです。「いーっ」のほうが平均で二点も高い。これは、

「いーっ」のスタイルが笑顔の筋肉の使い方と似ているからなんです。漫画が楽しいから笑うという側面はもちろんありますが、むしろ逆で、笑っている（笑っている形をつくる）ことによって楽しくなってくるという側面が強い。笑顔をつくると楽しくなる効果がある、ということです。

それ以前に「いーっ」と噛んだときの脳の活動を調べて、ドーパミン神経系が活動しているらしいということもわかっていました。ドーパミンは快楽を生み出す神経伝達物質といわれています。つまり、今回の実験で、「いーっ」と噛んだら本当に楽しくなってくる・気持ち良くなってくる、ということが脳研究の世界で初めてしっかり示されたということになるわけです。

さらに別の実験で、たくさんの単語を並べた中から「幸せ」や「快適」など、心地よさに関係した言葉を捜してもらったら、「いーっ」と噛みながら捜すとスピードが早くなったのです。これは無視できない効果です。楽しいから笑うと思い込んでいるのは、脳至上主義の考え方。しかし、私たちの脳が身体の奴隷であると考えると、笑っているから楽しくなって当然なんです。

なぜなら、脳の立場になって考えてみてください。脳は頭蓋骨の中に入っているから真っ暗な牢屋の中にいるようなもので、外の情報がわからない。脳が外の情報を知る唯一の手がかりは、目で見る、耳で聴く、手で触ってみるなど……身体を通じて、しかない。身体からの信号がなければ脳は無知といってもいいのです。

身体からの働きかけがないと脳は活性化しない

いま自分の身体がどういう状況になっているかが極めて重要なことで、それをもとに脳は判断する。笑顔を作って漫画を読むときに脳に入ってくる情報は、漫画を読んでいるということと、笑顔でいるということ。この二つの情報を結びつける最も納得できる説明は、漫画がおもしろいから、ということしかない。それが正解かどうかを判断するすべは脳にはないわけで、自分の身体に起こっていることがすべてなのです。そう考えると、脳よりも身体の方が大切で、身体に引っ張られるかたちで脳も活性化するのだと私は考えます。

最近の世の中は、言葉で説明ができないことは往々にして否定されがちです。経験に裏付けされた直感はほとんどが正しいのに、言語で説明できないからといってバカにする世の中になっていることは、ものすごく残念で、ひいては人類の損失だと思います。歳を重ねていくほどにもっと自信を持って直感力をはたらかせて充実の日々を生きていきたいし、それを大切にする社会であってほしい。直感力をさらに鋭くするためにも、日頃から身体を適度に元気にしておきつつ、いろんなことに興味をもち続けることは、とても大切だと私は思っています。

MONEY ¥$

財産が少ないほど相続でももめる

木《き》村《むら》晋《しん》介《すけ》（弁護士）

「ウチには財産なんてないから大丈夫」という人こそ要注意。遺産額一千万円以下の調停事件が増えている。

川津俊作氏（八十九歳・仮名）が、内縁の妻登美子（七十三歳・仮名）に看取られて亡くなったのは、平成十八年の春だった。預貯金百数十万円、その他に不動産はおろか資産らしきものなし。戸籍上の妻トシ子（八十五歳・仮名）とは、四十年も前に別居していたが、離婚には応じてくれなかったので戸籍はそのままになっていた。登美子との間には子はないが、トシ子との間には、三人の子がありそれぞれ独立していた。

どう見てもここに相続をめぐる争いが起きるようには思えない。ところが起きたのである。ことの起こりは、川津氏が登美子と生活を始めて以来三十年住んでいた借家が、民間事業者による再開発の対象となったことにある。その借家は、東京・中野区にある築四十五年の軽量鉄骨コンクリート造アパート。借りたころには、これでもマンションといわれていた。

開発業者は、着実に立退き交渉を進めていて、川津氏のところにも交渉に訪れた。しかし、白内障・緑内障と糖尿病が進んで寝たきりだったため、対応したのは登美子だった。

川津氏の健康上の理由から今は引っ越せないと断り続けているうちに、業者の示す立退き料は上がり続ける。ついには八百万円が提示されていた。そんな中、川津氏が脳出血で亡くなった。葬儀は登美子が喪主となって行われ、トシ子と子供たちも出席し、表向きは無事に済んだ。問題はその後におきた。四十九日が過ぎ、登美子が開発業者に立退きする方向で話をしたいと連絡した。もうこのボロアパートに固執する必要はない。ところが今度は業者のほうがストップをかけてくる。「相続人と話がつかないと困る」といわれて登美子はよろけた。開発の対象となっていることを嗅ぎつけた子供たちが、手を回していたのだ。

アパートの賃借人が川津氏であるからには、川津氏の借主としての地位は法律上相続の対象となり、遺言がない以上トシ子とその子たちのものとなる。しかし、彼らが川津氏のために何をしたというのだ。川津氏の老後の闘病生活を介護し、看取ったのは登美子である。その登美子の労苦は報われるべきだろう。

私はこの登美子の側から依頼を受けた。その結果、それまで封じられていた戸籍上の妻子と内縁の妻との間の、たった十五坪のアパート一室の賃借権をめぐる熱いバトルの渦中に身を置くこととなった(事件の具体的内容は、実際と変更していることをご了承いただく)。

相続をめぐる事件の依頼がここ数年急増し、私の事務所の取り扱い事件の中で、この三年断然トップの地位を占めている。四十年の弁護士生活でも突出した現象だ。その中で目立つのは、遺産の額が少ないほど紛争は熾烈となっているということ。最高裁の司法統計によっても、年度の全事件の受付数は年々減少、平成十九年には、初めて五百万件を大幅に割り込み、以降ほぼ四百五十万件前後で推移している。その中、家事事件は全体として微増の傾向にあるが、特に相続関連の事件だけは、ここ十年で倍増しているのだ。

相続案件の中で比較的少額と考えられる遺産額一千万円以下の調停事件を見ると、

平成二十年度に受理された調停事件の二七％強を占めている。その約一〇％が調停では折合いがつかず、家事審判官による審判により、ようやく強制的解決を見ている。しかし、調停や審判になるのは、社会で起きている紛争の氷山の一角であることを考えれば、公にならない実際の少額相続事件紛争は、かなり多数に上っていると思われる。

二回目の相続はトラブルになりやすい

先に紹介した登美子のケースは、少し特殊かもしれないが、例えば、父の相続のときには学生で、兄たちのいいなりに相続を放棄した女性が、十数年後の母の相続のときになって、父の相続放棄を理由に、母の相続について激しく争うということがある。父の相続のときに、母も遺産をほとんど受けていないということも多く、とすれば母の遺産は当然少ない。これを均分相続するのでは、不公平だと彼女が思うのはもっともなことだろう。しかし、父の遺産をどう分配したかは、母の相続時には考慮はされないのだ。

そして相変わらず多いのが、親たちが生前をともに生活してきた子（例えば長男）の世帯と、家を出て独立していた子（例えば次男）の世帯との争いだ。長男としては、老父母との同居で大きな負担を負ったという思いがある。ところが、次男は、全く別の見方をしている。まず、長男一家が父母の老後をよく見てくれたとは必ずしも感じていない。このズレは、老夫婦が時々次男一家の方に立ち寄って、長男の嫁の悪口をいったりすることによってますます増幅する。そのうえ次男の側から見ると、父母の家に家賃ゼロで住み、自分たちのように住宅ローンも負担していない兄一家は、父母に孫の世話までしてもらい、働き盛りに共働きもでき得をしているという風にうつる。要するに、人は、自分の受けた恩恵には鈍感だが、他人の受けた恩恵には過敏になる生物だということなのだ。

相続は資産（負債も含む）を持つ者の死亡によって生ずる。年間の死亡者は、約百十万人。その年齢構成は社会の高齢化を反映して、平成十五年以降、七十五歳以上の死者数が全体の六割を超えるようになっている。このことはその反面として、相続を受ける遺族の側を見たときに、子も熟年以上の年齢に達しているケースが多いことを意味する。

しかし、長男による家督相続という封建的な思考から抜け出し、「配偶者と子による平等な相続へ」という近代理念先行型の戦後相続制度設計は、今のような高齢化社会の到来を予想していない。立法者たちは想定していた家族観を次のように語っている。

ひとつには、遺産が家族構成員の協働によってできたもの、または、協働によりできた部分を含むものである、という仮説である。

しかし、経済成長の高度化により、サラリーマン世帯がほとんどを占め、核家族が本流となってくると、親の資産を創るために協力をしたなどという子供は、めっぽう少なくなる。学費だ、車だ、結婚費用だ、家を買う頭金だと、親の資産形成に負担をかけることばかりに貢献しているのが今の子供たちである。私自身も、まさにそうであった。家族のになう「家業」によって築かれた「家財」の、その協力者への配分、ここに相続の根拠を求めることは、かなり現実離れしてきている。

もうひとつ、法定相続分の決め方の根拠とされてきた考え方がある。それは、その死者が生存していたとすれば、その資産から家族が受けることが期待できた扶養を、その家族に遺産を配分することによって法が果たすという考え方である。しかしこれも、今の時代を反映するものとはならなくなってきている。

高齢化社会の進行によって人生が昔の倍近くとなった今、残された子らは、それなりに蓄えや資産を持っていておかしくない年齢となっている。散々親のすねをかじってそこまで行き着いているのに、いまさら親の遺産による扶養を期待できる立場ではない。

もちろん、死者とともに生きてきた配偶者について、いわゆる内助の功としての「資産形成協力についての配分」、また配偶者も高齢であることから来る「扶養に替わる配分」が必要だ、という考え方が、今日でも十分成り立つことは否定できない。社会的合理性を失いつつあるのは、あくまでも、そのような「配分」という考え方にもとづく、遺産の世代間での移転（多くの場合、子への移転）に関してであることをお断りしておく。

それでは、死者が有していた財産（いわば、死者が生存中に使い残した資産）を、主に、子や配偶者という遺族に遺すことの現代的根拠は何か。そう問われれば、それはひとつに「親の家族を思う心、言換えれば愛情」、そして「長い老後を介助・介護し看取ったものへの感謝の気持ち」などに対する、社会の配慮と考えるほかにない。その現実に、制度は対応しているだろうか？

少額相続紛争が増加している背景に、資産が高齢者に偏在している現実はある。これは、高度成長期の働き蜂世代が蓄えた資産が、使われずに備蓄されていることから来るものだ。この世代は自分たちに長い老後が待っていることを知っているだけに、容易にこれを消費しない。長寿の双子、きんさん・ぎんさんがテレビの出演料を「老後の備えにする」といったとの笑い話は、無下に笑えない。これらの資産は、この世代の引退後の長い人生に使われる。たとえば高齢者向けの住宅リフォーム、施設への入居費、終末治療に要する費用など、年金収入や保険のみではカヴァーできない負担によって、その現役時代に営々として築かれ、蓄えられた資産も目減りしていく。

ここに、長期化した不況による金融資産の価値の目減りが追い討ちをかける。そして、同じくこの不況下で親からの資産の配分を当てにせざるを得ない遺族がいる。こうした構図が、少額相続紛争を増加させているように私の体験からは思えるのだ。

家族のあり方が変われば、「子は均分相続が基本」とする戦後制度には、当然修正が施されなくてはならなかった。この修正のために期待されたのが、「寄与分制度」である。配偶者の法定相続分を増やした昭和五十六年施行の民法改正で、同時に登場したのが、この制度だ。この制度は、法定相続分を修正できるケースとして、二つを認めている。

ひとつは、①死者の生前に行っていた事業について特段の労働や財産の提供をなしたケース、もうひとつは、②死者に特段の療養看護等を行ったケースだ。これらの場合に、財産の維持・増加があれば、相続分の割り増しが認められることが明確になったのである。

①は、「家族の協働への配分」という考え方を、特に協働の顕著だった者と、その他の家族との間に格差をつけるという形で示し、時代の変化に対応しようとしての修正といえる。

そして②の方こそ、まさに高齢化社会を見据えて、親の長い老後への支援・介助、介護への貢献を、報われるものにする役割を、大いに期待されたところだった。

献身的な介護が認められても一日八千円程度

しかし、実際の裁判でこの制度が果たしてきた役割は、残念ながらこの期待にこたえるものではなかった。介護者それも専従的介護者への寄与分の認定でも、高くても総遺産の一五%程度、通常は数%にとどまり続けている。親と同居していた子が寄与分を主張しても、親の家にただで同居していたのだから、と寄与分を認めてもらえないケースも多い。家庭裁判所は、法定相続分制度を支えた家族像がほとんど崩壊しているのを知ってか知らずか、いまだに画一的な法定相続分による分割という呪縛から解き放たれていないように思える。

たとえば、比較的最近の家裁（大阪・平成十九年二月）での判断で見てみよう。寄与分を申立てた側が、亡くなった認知症の父の介護に三年間献身的に尽くし、また母親の闘病生活も介助し、父母の家事全般を世話してきたというケースだったが、認められたのは、一日八千円×三年間＝八百七十六万円に過ぎない。そのように、何とか介護が寄与分として認められたものでも、一日五千円から八千円のものが多く、高いものでも、一日一万三千円止まりである。少額相続の場合には、一日八千円で二、三年間を計算すると、総遺産の五割を大幅に超えてしまうところから、介護者の寄与分認定額は、さらに減額されることとなる。

こういうことがあるので、遺産分割の中で寄与分として主張するのではなく、死んだ親の扶養料について、他の兄弟姉妹らにその分担を請求するケースも出てくる。寄与分が認められなくても、親の生前の扶養料について兄弟姉妹に分担を認めた判例が実際にある。

冒頭で述べた登美子のケースでも、この判例は大いに役立った。何しろ、登美子は法定相続人ですらないのだ。もともと寄与分など請求する立場にない。それでも、「こちらは今まで川津氏を扶養してきた負担を、扶養料として皆さんに請求することになりますよ」といい続けた説得がかなり効いたのだろう。結局立退き料の七割を登美子がもらうことで決着を見た。これは実際上、内縁の妻に寄与分が認められたに等しいものである。

実質的公平を保証する最後の手段はやはり遺言である。実際遺言は、強力な紛争予防手段で、少額相続についても例外ではない。そして、安全性の観点から、自筆証書遺言（作成日を含めすべて自筆で書かれ、署名押印があることが要件）よりも、公証役場で公証人が作成してくれる公正証書遺言の確実性は揺るぎのないものだ。

この十年、高齢で、公証役場に来所することが困難なお年寄りのために、公証人が自宅や病院まで出張して遺言を作る機会が着実に増えている。にもかかわらず、少額相続の紛争は増え続けている。昔より公正証書の遺言作成数が増えたとはいえ、年間八万件にも届いていない。自筆証書遺言の場合には、その所持者が、家庭裁判所に検認の申立てをすることが義務づけられているが、その申立て件数も年間一万二千件強に過ぎない。年間の死者数百十万人という時代にあって、いずれも少なすぎる数字である。

少額の遺産紛争が漸増し、裁判や調停になるものが三割に迫ろうとしているとき、「人はなぜ遺言を書かないのか」をあらためて問い直してみる価値がある。

遺言適齢の世代に遺言を書かない理由を聞くと、書くほどの資産がないからと答えが返ってくることが多い。しかし、すでに述べたように、少額相続だからこそ生ずる紛争もあるのだ。

自分の老後の療養看護をしてくれる者が分かれば、その者に資産から多くの割合の配分をしたいというのが自然のなりゆきだろう。それでも遺言を書かない心理の基には、核家族化が進んだ今、誰が自分の最後の支援者になってくれるのかわからない、という迷いがある。

そのような遺言適齢者のために、私が、「お任せ遺言」と名づけて推奨している遺言の方法がある。相続分や、遺産の分割方法を第三者に委託するというタイプの遺言だ。遺言者から委託を受けた第三者が、遺言者の死後、それまでの諸事情を勘案して、遺産の分け方を決めるというシステムになる。文例をあげれば、

「遺言者甲野花はそのすべての遺産につき、左記の者に相続人全員の相続分及び遺言者の資産の分割方法を指定することを委託するとともに、左記の者を遺言執行者に選任する。

住所　東京都中野区中野○丁目○番○号

氏名・職業　乙田春夫・弁護士（昭和五十年一月二十四日生）」

これで少額相続についても、各相続人が遺言者やその配偶者の療養看護に尽くしたその程度、それぞれの資産や生活ぶりなどをすべて調べた上で、その遺産の分け方を、実質的に公平になるように決めることができる。遺言適齢者の気を楽にさせるこのお任せ遺言（民法九〇二条、九〇八条）は、もっと利用されてよいだろう。

ただし、少額相続といえど、弁護士にお任せで行くときには遺産の二〜三％くらいの支出は覚悟が必要だ。他に適当なお任せ先があれば、それに越したことはないだろう。

税制改正の要点は基礎控除額引き下げと生前贈与拡大

相続税をめぐる課税の動きについても触れておこう。近く税制改正により、相続税の基礎控除額が変更になる。今までの五千万円＋一千万円×相続人数まで非課税から、三千万円＋六百万円×相続人数まで非課税となることが予定されている。バブル真っ盛りからバブル崩壊に向かう時代のなかで、過大な相続税負担を避けるために引き上げられた基礎控除の額が、戦後初めて減額されることになるのだ。

しかしその反面、生前贈与については今までの重い課税を緩和する傾向だ。もともと親の側から、特定の子に対して資産を渡したいにもかかわらず、生前に資産を贈与すると、高率の贈与税が課税されることが、遺言による遺贈を選択することを余儀なくしてきた面がある。しかし、平成十五年から導入された相続時精算制度により六十五歳以上の者から二十歳以上の子への二千五百万円までの贈与が、結局相続時に相続税率で精算されることになり、贈与時に支払った税（一律二〇％）のうち相続税による税額を上回る分が還付、上回らない分は、相続税から控除されることとなった。近く行われる税制改正で、資産を贈る側の年齢を六十五歳以上から六十歳以上に引き下げ、贈られる側を、子だけから、孫・ひ孫にまで広げるなど若干の手直しはあるが、骨格は変わらない。この点では高齢者から次世代への資産の移転については、生前贈与が遺言以外の太い選択肢となっている。

さてこうなると、生前贈与はしたものの、贈り主が期待していた、また贈られる側と約束していた、贈り主やその配偶者に対する老後の療養介護がなされないという、やらずぶったくりケースも出てきて、かえって紛争の元になる。これを避けるには、贈与をする際に、贈り主やその配偶者に対する療養介護を尽くすことを贈与契約書にうたっておくという方法をとるしかない。これを負担付贈与とか、条件付贈与とかいう。これならば、贈られた側が、約束に反した場合には、贈与を解除・

取り消しすることも可能だ。こうした特殊な契約書の書き方については遺言者によってケースが異なるため、弁護士に相談するのがよい。贈与契約の作成料は、贈与する資産の一%+七万円が相場である。

いずれにせよ、少額相続に見合った遺言の存在や、生前贈与の相続時精算制度についても、これを庶民の知識としていく努力がいま強く求められている。

HEALTH

寝たきりになると長いは迷信

柴《しば》田《た》博《ひろし》
（医学博士・人間総合科学大学大学院教授・桜美林大学名誉教授、招聘教授）

「終末期になると、誰もが長く寝たきりで介護を受ける」という常識に老年学の泰斗が真っ向から反論。

私が、〝ピンピンコロリ〟という言葉を初めて聴いたのは十数年前のことである。それは日本で開かれた国際会議のパーティーの席上であった。知り合いのアメリカの老年学者から「ＰＰＫ」という言葉を知っているかと質問されたのである。私はてっきり、アメリカの最近のキャッチフレーズの略語だろうと思い、そんな言葉がアメリカで流行しているのかと聞き返したところ、それは日本人から聴いたものだという。私は、自らの不明を恥じながら、近くに居た日本のある教授に聞いたところ、それは〝ピンピンコロリ〟の略語だと教えられた。先のアメリカの老年学者に、「死の間際まで元気でいて、最後はコロリと死ぬことだ」と説明したところ、興味深そうに聴いてくれた。

〝ピンピンコロリ〟という言葉が生まれたのは、一九八三年、長野県の北沢豊治《とよはる》が日本体育学会に、「ピンピンコロリ（ＰＰＫ）運動について」という演題を発表したときと考えてよい。しかし、ブレイクしたのは、私が初めて耳にした一九九〇年代の後半になってからである。

わが国には昔から、〝ピンピンコロリ〟に近い〝ポックリ信仰〟が存在する。御参りをするとポックリとあの世に行けるとされるポックリ寺は奈良県に多く、全国に五十あまりある。

このように、あまり寝込まずあの世に行きたいという願いは今に始まったことではないが、近年とくに強くなってきているようである。その心理の背景には、人間は長寿になるほど寝込みの期間が長くなるという思い込みがある。確かに、人類が飢餓や感染症であっけなく命を失っていた時代と比較すると、一定の障害の期間を経て死亡するのがあたりまえの時代になっていることは事実である。

しかし、長生きをするほど寝込む期間が長くなるという観念は、明らかに事実に反している。人間の限界寿命の近くまで長生きした百寿者の方々は、あまり長くは寝込まず、あまり苦しまずあの世に召されるのがふつうである。まさに福音である。

　このことをも人々は薄々感じてはいる。しかし、さまざまなケースをみるにつけ、自分がどのようなライフコースを辿るのか予知できないところに不安の根源がある。オプティミスティックな人は、自分の人生は太く短かく、あまり寝込むこともないだろうと確信している。ペシミスティックな人は、長く寝込んだときの用意には、まだ老後のための預金が不足だと感じている。

　かくいう私も、父方と母方の二人の祖母の対照的な終末期を目《ま》の当りにしてきている。二人共八十歳代の後半まで長生きをした。

　父方の祖母は、三男と同居していたが、日本初の女子大である日本女子大に入学した大の読書好きであった。新しく発行された日本文学全集を死ぬまでに読み切りたいと、寝る間も惜しんで読み耽っていた。明方の四時頃、三男はまだ床で読書を続けている祖母を確認している。いつも起きる七時頃起きてこないので床を覗くと、祖母は眠るように息を引き取っていた。文字どおりのピンピンコロリであった。

　一方、母方の祖母は戦前の女子師範学校を卒業し、定年まで小学校の教員を務めあげた。同時に、役場務めの祖父と協力し、副業の枠を超える畑作を行い財をなした。しかし、その無理がたたってか、ふつうは若いときに罹る関節リウマチに定年後罹患した。四肢の関節が拘縮し、排泄も人手を借りる期間が十年あまりも続いた。この祖母の例にみるように、同じ高齢期でも比較的若いときに障害をもつと、寝込みの期間は長くなるのである。

このように、身内に対照的な終末期を迎えた二人を目の当りにしてくると、自分はどちらのコースを辿るのか不安にもなる。多くの人々の心境もそう違わないであろう。世の中の平均的な姿はどんな具合かを知りたくなってくる。それに答えるのが、調査研究である。

ここで四十年ほど前に時計を巻き戻そう。

過半数の人の寝たきり期間は一カ月未満

一九七〇年はエポックメーキングな年であった。わが国の六十五歳以上人口が全人口の七％を超えたのである。六十五歳以上人口が七％以上になると高齢化社会、一四％以上になると高齢社会と呼ばれる。一九七二年には、有吉佐和子の『恍惚の人』（新潮社）が上梓され、高齢化社会は溢れかえる障害老人の社会としてイメージされるようになった。

当時は、人間は年を取るにつれ坂を転げ落ちるように、能力も人格も劣化していき死に向うと考えられていた。長生きをするほど障害をもつ期間が長くなり、社会に障害老人が蓄積すると考えられていたのである。ほどなく、私はある医学雑誌から「高齢化社会が深まるにつれ、障害老人は増加していくのか減少していくのか」を予測する原稿を書くよう依頼された。初めてこの種の問題に真正面から向き合う羽目になったのである。

私の結論は次のようであった。

高齢者の特定年齢（たとえば七十五〜八十歳）における障害者の割合は増加していくことはないであろう。平均寿命が延びている社会の健康度は向上していく。また一旦障害をもつと、自立した高齢者よりも余命は短かくなり社会に蓄積することはない。だが割合は下がっても、高齢人口がそれ以上にふえるので、寝たきりや痴呆などの障害をもつ高齢者の数は増加する。従ってケアの設備やマンパワーはそれに応じて用意する必要がある。

ところで、何故、社会全般に人間は長い間寝込んだ末あの世に行くとか社会に障害老人が蓄積していくという通念が固定したのかも考えてみた。その結果、それまで、きわめて特殊な対象でしか調査が行われていないことに気づいた。たとえば、特別養護老人ホームの入居者である。今よりもはるかに家庭における介護力があった時代にホームに入居した人々は、かなり長期に障害も抱えた人々であった。地域で障害者の認定を受けていた人々も調査された。この当時、六カ月以上寝たきりにならないと障害者の認定は受けられなかった。

このような特別に障害期間の長い人々の調査結果が一般の高齢者の終末期像にまで敷衍《ふえん》されていたのである。

一九八〇年代に入ると、それまでに私が抱いていた疑問に答える調査結果が現われた。総理府から出された「『つい』の看取りに関する調査」（一九八二）がそれである。一九八〇～八一年にかけて、七十～八十四歳で亡くなった全国の千二百四十三名の家族に対して行った、最終臥床に関する調査をまとめたものである。

この報告書は、さまざまな理由により、公表されることがなかった。私と共同研究者たちは、一九八五年に上梓した『間違いだらけの老人像』（川島書店）に、この調査の一部を公開することを許され、初めて世に出たのである。したがって、この既成概念に一撃を与えたデータが世に認識されるようになったのは、一九八〇年代の後半になってからということになる。

図1 最終臥床期間の分布

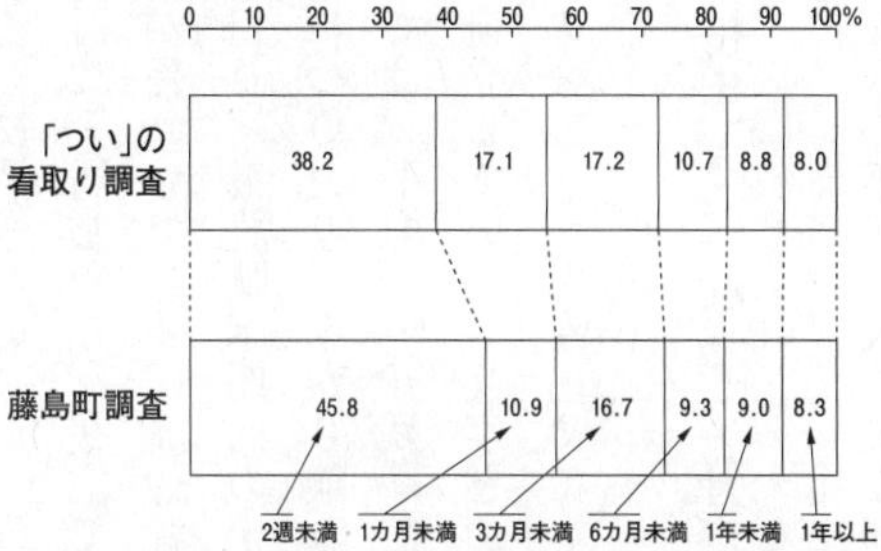

注：2つの調査とも、ほとんどの場合、最終臥床期間はそれほど長くない。
出典：安村誠司・柴田博他「日本公衆衛生雑誌」37巻851頁、1990

私たちは、この総理府のデータをより詳細に分析する許可が得られず、またより若い年代の実態をみたいので新たな調査を行った。山形大学医学部公衆衛生学教室の方々と協力し、山形県藤島町において、三年間、四十歳以上で亡くなった方々すべての家族に対し、総理府の調査と同じ質問を行ったのである。

総理府の調査と私たちの調査を合わせたデータを図1に示した。二つの調査の結果は驚くほど酷似している。年齢構成がかなり違うにもかかわらずである。比べてみよう。最終臥床期間二週未満は、藤島町調査が四五・八％と「つい」の看取り調査を上回っている。しかし、一カ月未満を合計すると前者五六・七％、後者五五・三％とほとんど差がなくなる。最終臥床期間が六カ月以上となるのは、「つぃ」の看取り調査一六・八%、藤島町調査一七・三%である。一年以上となるのは各々、八・〇%、八・三%に過ぎない。

施設に入居したり、在宅で障害者の認定を受けている高齢者は、特殊に最終臥床期間が長いのであり、高齢者を代表しているわけではないのである。

ただし、最終臥床期間の定義の仕方でデータは多少異なる。「床についたり、床から離れたり」を最終臥床期間とした一九九五年の厚生省のデータでは、平均八・五カ月となっている。興味深いのは、死亡の前日まで、生活機能が自立していた、文字どおりの〝ピンピンコロリ〟はこの調査では六十五歳以上全体の一二・一%を占めていた。

長生きになった分だけ健康な期間が延びる

一九八〇年代に入るまで、人間の終の寝込みの期間が長いと思い込まれていた原因の一つは、先に述べたように平均的な終末期の実態を調べたデータが存在しなかったことである。同時に、人間の老化の様式に関して図2の「従来の老化モデル」

図2　新旧の老化モデル

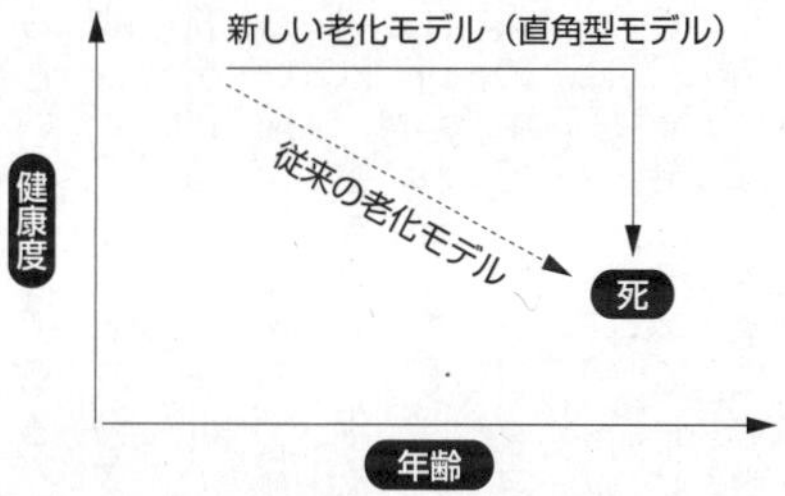

注：新しい老化モデルは直角型の老化とか終末低下とか呼ばれる。人間はもともと新しい老化モデルのように老化するのであるが、時代とともにこの傾向は強くなってくる。
出典：NPO法人生活・福祉環境づくり21、日本応用老年学会共編著『高齢社会の「生・活」事典』（社会保険出版社、2011）

に示すようなパタンが信じられていたことにもよる。人間は加齢にともない、人格も能力も坂を転げ落ちるように劣化して淋しく死んでいくと長い間、思い込まれていたのである。

しかし、一九八〇年、人口学者のフリーズは、人類の生存曲線のパタンを歴史的に分析し、人類の死亡パタンは次第に直角型になってきていることを示した。一九〇〇年代の初めには、欧米諸国の平均寿命は五十歳くらいだったので、誕生してから五十歳までに生存者が半分くらいになるパタンであった。しかし、今では、八十歳以降までかなりの人が生存し、百歳近くなって、一年草木が一斉に死滅するようなパタン、つまり直角型の老化となり、個人の老化もこのパタンとなっているとフリーズは指摘している。

このような老化の様式を心理学の方では終末低下という。長生きになった期間は、本質的には健康な期間が延びることを意味する。死の間近になって急速に能力が低下するという概念である。

とはいえ、心理学の論文を注意深く読むと、死の直前に能力が低下するといっても、部分的なサポート、たとえばショッピングのサポートが必要となるのは死の二年くらい前からである。

人間は、生まれて二年くらい自立歩行もままならずケアを受けつつ成長する。あの世に召されるときも、ケアを受けつつ旅立つように出来ているのである。そういう文脈の中で〝ピンピンコロリ〟を語るべきであろう。

さて、冒頭に戻ってＰＰＫである。ポックリ信仰や〝ピンピンコロリ〟信奉のメンタリティは、欧米にも無いことはない。三十年くらい前、アメリカの医師、薬剤師、看護師などの医療の専門家に、「あなたはどのような死に方を望むか」のアンケートを行い、それを取りまとめた論文が医学雑誌に掲載された。大勢を占めたのは「心臓病で一思いに死にたい」というものであった。その論文は「我々は、何のために国民死因の一位である心臓病の予防のための活動をしているのであろうか？」と複雑な思いを述べている。

ともあれ、終の寝込みの期間を短かくしたいという願望は、日本人とくに日本人の女性に際立っているといってよい。日本の高齢女性の自殺率が、ハンガリー、ロシアに次いで高率であることも、これと無関係ではない。高齢者の自殺の原因には、経済問題や病気・障害の罹患がある。しかし、日本の男性に関しては、中年期の自殺は多いが、高齢期にはむしろ低くなる。

私は、日本人の自殺に関するジェンダーの違いの原因を次のように考えている。日本人の高齢者夫婦の年齢差は、平均して男性の方が三歳上回っている。しかも、平均寿命は七歳男性の方が短かい。熟年離婚がふえているとはいえ、多くの男性は、妻に看取られてあの世に旅立っている。しかし、妻の方は夫を看取った後十年余り後に、一人で終末期を迎えるのである。もちろん、家族と同居している女性も少なくない。しかし、施設に入っている女性より、家族と同居している女性の方に自殺率が高いということに、問題の複雑性と深刻性が象徴されている。

私たちのこれまでの研究では、日本の自立した高齢女性の生活や人生に対する満足度は、世のため家族のために役立っていると確信しているときにきわめて高くなっていた。対照的に、世のため家族のために役立てなくなるような障害に陥ったときに急速に幸福感や生きがい感を失う傾向がある。

ある調査は、日本の中年女性では最近「ガンで死にたい」という人がふえていることを伝えている。「ガンで死亡する場合は認知症や寝たきりにならないから」というのがその理由のようである。ガンで死亡する人は年齢が若いこともあり、障害に陥ることが少ないことは確かであるが、余りにも痛々しい心情といえよう。

先にも述べたように、二年くらい部分的なサポートを受けてあの世に召されるのは摂理である。文字どおりの〝ピンピンコロリ〟は、冒頭に紹介した私の祖母のような例もあるが、心血管系の大発作、事故死、他人に殺されることにもよる。〝ピンピンコロリ〟信奉が、高齢者の自殺をふやす弊を生み出すことがないように切望する。

MONEY ¥$

投資より現金

荻原博子《おぎわらひろこ》
（経済ジャーナリスト）

消費税引き上げが叫ばれ、年金の先行きも不安な時代。最終的には現金を持っている人が笑うのか。

この低成長時代、しかも大増税が予測されるなか、私たちは自分のお金をどのように使い、蓄えていけばいいのでしょうか。それを考えるためにはまず、これからどれだけのお金がかかるのか、計算してみてはいかがでしょう。

総務省の家計調査によると、六十五歳以上の夫と六十歳以上の妻、無職の二人世帯で、一カ月にかかるのは二十七万円（平成二十一年度の調査による）。そこから公的年金を差し引いた金額をAとすると、A×十二カ月×年数（八十五歳なり九十歳なり、自分が生きると仮定する年齢－現在の年齢）。それが、この先自分たちに最低限必要な額となります。

もしそれが三千万円で、退職金、企業年金、預貯金を足して四千万円あるならば、残りの一千万円は何に使ってもいいことになります。

でも、必要な額には足りない二千八百万円しか手元にない人が、それを殖やそうとして投資に手を出すケースが往々にしてあります。しかしそれは、残念ながら殖えるより、減るリスクのほうが大きくなります。たとえば、いまでも安全神話のあるゆうちょ銀行が扱う投資信託でも、買った時よりも値下がりしているものがかなりあります。基準価額一万円で売り出された投資信託二十一商品中、現在一万円を超えている商品はたった三商品です。ゆうちょ銀行以外でも、原資の目減りが顕著なのが、発売当初は大人気で好調だった、グロソブと呼ばれるグローバル・ソブリン・オープン・毎月決算型。一千万円預けると毎月三～四万円の分配金をもらえるのが魅力でしたが、当初の基準価額一万円が、五千二百九十九円になっています（数字はすべて二〇一一年二月三日現在）。これなら、一千万円貯金して、口座から毎月四万円ずつ引き出すほうがよかったのではないでしょうか。

「銀行に預けていても、〇・〇二パーセントしか金利がつかないからメリットがない」という意見はよく聞きます。ただ、今はデフレ。去年一万円だった商品が、今年は九千五百円で売られていたりします。値段が下がるということは、同じ一万円でも貨幣価値は上がっている。去年と比べると、実質五パーセントの金利がついているのと同じこと。下手な投資などするよりは、相対的に価値が上がっている現金を持つのが賢い方法なのです。

金融機関の窓口に相談に行ってはならない

何よりもいけないのは、退職金を持って、「投資をしたいが、どうしたらいいか」と銀行や郵便局、証券会社の窓口に行くことです。これはカモがネギを背負っていくようなもの。投資を始めるとき、保険に加入するとき、みなさんが相談する相手は営業マンです。となれば、彼らに最も高い手数料が入る商品を売りつけられると思っていたほうがいいかもしれません。

自ら仕事を開拓し、家計も含めたすべての収支をシビアに考えなければならない自営業者に比べると、サラリーマンは毎月必ずお給料が振り込まれるノーリスク生活を四十年続けています。仕事の上では危ない目に遭うかもしれませんが、そのお金は会社のお金です。定年退職後、急に退職金を運用しても、それほどうまく行くでしょうか。

特に、いまの時代、投資が勧められないのは、世界経済が非常に不安定だからです。こんなときにする投資は、もはや投資ではなく投機、つまり「博打」です。もちろん、こんなときだからこそ儲けるチャンスもあります。でもそれは、全部すってもいいから、博打をやってやろうという覚悟があればの話です。「博打」ではなくなるのは、経済が落ち着いてコンスタントに伸びているときです。

経済がグローバル化するなかで、小泉内閣時、「資産運用」をしなくては負け組になってしまうという考え方が広められました。そのとき国策として401kという企業年金が導入され、会社によっては投資に縁がなかったサラリーマンまでが、自らの企業年金を運用しなくてはならなくなりました。

企業年金を社員に運用させることで、企業は不良債権を抱えずに済み、証券会社や金融機関にとっては、手数料が必ず入ることになります。さらに、国としても、多くの人が株や投資信託を買えば、下がり続ける株価が下支えされます。

つまり、企業と金融機関と国の三者の利害が合致して導入されたのが、401kだったわけです。しかし、肝心のサラリーマンは、かなりの人が損をすることになりました。

そもそも相場では、プロとアマが同じ土俵で勝負しなければならず、基礎知識や情報、元手もテクニックもないアマには勝ち目が少ない。プロのいいカモにされやすいのです。

たとえば、昨年来バブル気味のブラジルの国債なら、短期で儲けて早く売り抜ければいいかもしれません。ただ、その状況を客観的に分析できる目がなければ、儲かっているように見えるから安心し、いつの間にか潮目が変わったのに気づかないで取り残されて大損をする危険が常にある。それがこの世界なのです。

投資信託のセールストークで、「長期的な視点で投資をすれば、リスクはそれほどない」などというのもよく聞きます。でも、実際にその投資信託の運用を任されるプロの人たちで長期的な視点で考えている人は少ない。というのも、プロは三カ月から半年ごとに自分の成績を出さなければいけないからです。ただでさえ先例や経験則が通用しない先行き不透明な市場なのに、十年先を考えて投資などできるわけがありません。

どうしてもやってみたい場合は、本や新聞を読み、自分なりの投資理論を打ち立て自分で選んだ銘柄をシミュレーションしてみましょう。あるいは、いまは十万円以下でも買える株もあるので、何か一銘柄買って情勢と値動きがどう連動するか観察してみるのもいい。それなら成功しても失敗しても、納得できます。とりあえず自分のわかる範囲のことしかしないこと。やってみて自分には難しいと思ったら、やめたほうがいいでしょう。

マンションに投資してはいけない

「マンションオーナーになれば高利回りで安定収入」などという宣伝をよく見かけますが、税金対策が必要な資産家でもない限り、不動産投資は普通のサラリーマンには向きません。まず、ほとんどは儲かりません。

いま、企業や農家が土地を手放したために都市部では土地余りが進み、マンションや貸室が供給過剰になっています。賃貸用にマンションを一部屋買ったところで、それが空室にならない保証はどこにもありません。むしろ、これから空室はどんどん増えて借り手がつかなくなる可能性が高い。また、仮に新築で購入してもいずれは中古物件になるわけですから、現行の家賃を維持できるとは限りません。老朽化すれば、資産としての価値も下がっていく。その一方で、諸経費は月々同じようにかかってきます。ローンを組んで購入したりすれば、毎月持ち出しになりかねません。

定年退職した人が、家賃という毎月の「定期収入」に魅力を感じてマンションオーナーになりたい心理はわかりますが、空室が続いた場合、年金以外の収入がないのにローンの返済金だけが出ていく怖さが不動産投資にはあります。

たとえば、月収四十万円のサラリーマンが月十万円の住宅ローンを組んでいると、返済率は二五パーセント。ただ、デフレのなかでは給料が減りやすいのも事実。仮に給料が三十万円に減ったとしても、住宅ローン額は減らないので、返済率は三三パーセントに跳ね上がります。つまり、デフレのときの借金は実質的に増えて、家計を圧迫するのです。反対に現金の価値が上がっていきますから、デフレ時代の鉄則は「借金減らして現金増やせ」なのです。

デフレという状況では、お金の価値は持っているだけで上がります。世界的に経済が不安定なときは、投資さえしなければ、少なくともいまあるお金を目減りさせることはありません。

日経平均株価が三万八千円だった一九八九年頃に三万八千円を預貯金した人は、今頃利子が付いて四万円くらいになっているでしょう。一方、三万八千円で株（日経平均）を買っていたら、一万円くらいになっているはずです。

日本の巨額な借金がクローズアップされているなかで、国が破綻するのではないかという話も、最近は聞きます。国が破綻したら現金は紙くず同然になるのでは、という不安です。

でも、本当にそうなのでしょうか。一九九七年、アジア通貨危機で韓国が経済破綻しました。このとき、韓国の通貨ウォンは暴落して価値が四分の一になり、金利が上昇しました。上場企業の半分が倒産したので、株券の半分は紙くずになり、残りの半分も下落。金利が上昇したため、借金をしていた人は打撃を受け、なかでも借金をして株や土地を買っていた人は大打撃。住宅ローンを払えなくなった人たちが住宅を手放したことで、住宅価格は時価の七割まで下落しました。

結局、一番得をしたのは預貯金していた人でした。韓国政府は預金を百パーセント保護していたので、定期預金の金利はいきなり三一パーセントに上がり、なおかつ守られました。預貯金しても増えたし、そのお金で暴落した土地や株を買っても儲かった。

つまり「お金が紙くず同然になり、土地や株を持っていた人が助かった」とは反対の結果になったのです。「現金が紙くず同然に」というのは、物資が足りなく激しいインフレーションが起こった日本の戦後のイメージからなのかもしれません。この物余り、金余りの現代日本経済が万一破綻したとしても、それほど極端なインフレは起こらないでしょう。

こう書くと、「そんなに貯金して、お金を使わなければ、消費が減って景気が回復しないじゃないか」とよく反論されるのですが、いまは社会の枠組が変わってしまって、個人が少しくらいお金を使っても、それが個人に還元されなくなってきています。企業が株主の利益を優先するようになり、従業員への給与がコストとみなされるため、一向に上がらなくなってしまったからです。みなが消費してお金を使えばたしかに景気はよくなるかもしれませんが、景気がよくなることと給料が上がることがリンクしていないのが現実です。その構造が変わらないのであれば、消費するより貯めた方が自分の家計は守れます。

保険に入るお金があれば貯蓄する

もしものときのために、誰もが加入を考えるのが保険です。保険には、三つの保障機能があります。

まず、病気になったときの医療保障、次に、死んだときの死亡保障、そして貯金目的の貯蓄保障。すべての保険はこの三つの保障の組み合わせでできています。その保障に保険会社の経費を上乗せしたものが、保険料の額になります。三番目の貯蓄保障については、現在、運用利回り（予定利率）が低く、保険で貯金するメリットはないので考える必要がありません。ですから、これから保険に入るという人は、死んだときと病気になったときの保障だけを掛け捨てで買えばいい。

医療保障については、公的な健康保険で足りないぶんだけ補えばいいのです。健康保険に加入していれば、高額療養費制度で、半年入院しても医療費は四十万円程度。また、現役サラリーマンであれば、傷病手当金が一年半、給料の六割ほど出ます。もし妻が専業主婦でも、ちょっとパートに出れば、何とかやっていけないことはない。それでも不安なら、入院一日につき一万円くらい出る掛け捨ての医療保険に加入すればいいでしょう。終身保険の終身払いで、怪我でも病気でもすべての入院をカバーするタイプにすると、保険料も安くなります。

最近は、がんや生活習慣病など、一定の病気になったときに保障が厚くなるタイプも出ていますが、病気か怪我か、何で入院するかわからない。必ずその病気になるとは限らないわけですから、どんな状況でも保障されるようなものを重視しなくてはいけません。

死亡保障については、まず自分が死んだら誰が経済的に困るのか、そのためにいくらの保障が必要かを考えましょう。

たとえば、会社勤めの夫が亡くなり、専業主婦の妻と小さい子ども二人が残された場合、子どもたちが十八歳になるまで遺族厚生年金が月々十五万円くらい出ます。住宅ローンが残っている場合も、ほとんどの人はローンを組んだときに団体信用生命保険に加入しているため、この保険と残りのローンが相殺されて、住宅ローンが無くなるケースがかなりあります。住宅ローンが無くなって、月々十五万円くらいの遺族厚生年金がもらえれば、残された家族も何とか生活できるでしょう。ただその時に、足りなくなりそうなのが教育資金。教育資金は、子ども一人につき一千万円くらいかかるといわれていますから、二人分で二千万円。これを、生命保険の死亡保障で補うといいでしょう。

子どもが社会人になっていれば、この教育費部分の保障は不要になりますが、自分が死んだあとの伴侶のことが心配なら、そのぶんだけ死亡保障を付ける。六十歳で退職して収入がなくなったら、子供も一人前になっているし、収入もないので、大きな保障はいりません。そのあたりまで絞り込んだ上で初めて、生命保険会社の人に「こんな保険に入りたいから、見積もりを作って」という。そして一番安いところに入ればいいわけです。

実は、保険とは当たる確率の低いくじのようなものなのです。死亡保障を例にとりましょう。

生命保険の保険料は、男性の場合、十万人が一斉に生まれ、順次死亡して、百七歳で全員が死亡するという前提で、毎年の死亡確率を出し、これを元に算出されます。たとえば、四十歳の男性の場合、生き残っている九万七千三百九十一人中、年間に死亡するのは百四十四人。つまり、九万七千三百九十一人が払った死亡保障の保険料は、不幸にも亡くなった百四十四人がもらい、その年は終わりということになります。十万人生まれた男性が、半分の五万人を切るのは八十二歳。死なない限り、払った保険料の元は取れません。

最近は、インターネットで安い保険が出ているので、保険料を低く抑えたいならこうしたものを使い、浮いたぶんを貯蓄に回せば、もしものときの備えになります。

老後のことを心配しだすときりがありません。でも、だからといってあれこれ医療保険や介護保険に入って、健康で長生きしてしまったら、実際の貯金が目減りして余裕がなくなっていた――。これでは本末転倒です。

人生で予測しうるリスクに対してチップをどう張っていくか、その配分は自分で判断しなければなりません。たとえば自分の家系は健康で長生きするほうだと思ったら、保険に張るチップは小さくしておいて現金のチップを多くすればいいわけです。

元気であれば年金受給は遅らせる

定年退職が近づいてきたら、すぐ年金生活に入るよりは、しばらく働き続けることを考えてみてはどうでしょう。最近の六十歳、六十五歳はまだまだ若い方が多いと実感します。たとえば、退職する前に教育訓練給付制度を利用して、退職後も何か職に就けるような態勢を作っておく方法もあります。あるいはどんな仕事でも選り好みせず働くようにする。年金支給は六十五歳からなので、まずはそれまで働けるプランを作っておくべきです。

基礎年金は、通常六十五歳からの給付ですが、六十歳から七十歳までの間なら一カ月刻みで受給開始できます。

六十歳からもらう場合には、給付額は通常よりも三〇％減額になり、七十歳からもらい始めると四二%の増額。たとえば、六十五歳から月五万円の年金を受け取る人の場合、これを六十歳からもらうようにすれば、年金額は月三万五千円になります。七十歳からにすると月七万一千円になり、この増減は一生続きます。

ですから、自分が短命だと思う人は六十歳から年金をもらい始め、長生きすると思う人はなるべく六十五歳よりも後で年金をもらい始めるほうがいいでしょう。その損益分岐点は、七十七歳と八十二歳。七十七歳までに亡くなるのなら、六十歳からもらい始めたほうが総受給額は六十五歳からもらい始めるよりも増え、八十二歳以上生きそうなら七十歳からもらうほうが総額は多くなります。但し、一度決めた年金受給開始年齢は変更できません。

人の寿命は予測不可能ですが、ただ、健康で働けるうちは、受給は先延ばしして働いたほうが経済的に老後が豊かになるだけでなく、精神的にも、やりがいのようなものを感じ続けられるのではないでしょうか。すでに退職した人も、投資や運用できりきりして寿命を縮めるよりは、花が好きなら花を愛で、登山が好きなら山に登るなどして過ごすことが、豊かな老後ではないかと思います。

対談

晴れ晴れと年をとる

吉《よし》行《ゆき》和《かず》子《こ》（女優・エッセイスト）

金《かね》子《こ》兜《とう》太《た》（俳人）

吉行　先生、お久しぶりです。昨年の秋に入院なさったという話を聞きましたが、もうすっかりよろしいのですか？

金子　ええ、類天疱瘡《るいてんぽうそう》といって、皮膚に水泡ができる変な病気に罹って九月中入院しておりました。いまは治っていますけれども、まだ少し薬を飲み続けないといけなくて、そのせいで血糖値が上がるので、インシュリンの注射を自分で打っております。

吉行　そうでしたか。ぜんぜんお変わりなくお元気そうに見えますけれども。お大事になさってくださいね。

金子　ありがとうございます。薬との関係はずっと続いていますが、あとはすっかり元気ですよ！

吉行　先生は病気には簡単に負けないと思っていました（笑）。元気で長生きできる秘訣がなにかおありですか。

金子　それなんですけどね、私自身は長生きしようと思ったことはないんです。厳密にはそんなことを思っている暇がないくらい一日一日を生きてきた、というのが正直な話で。

といいますのも、家内ががんで平成九年から約九年間、闘病をしましてね。手術して、また手術して、そして末期を迎えた。私としては、できる限りのことをしてあげたい。思うさま金を使って療養してくれ、という気持ちでしたから、お金がどんどん出て行く。ところがご承知の通り、当時の俳人としての金子兜太の収入なんていうのは、てめえとかみさんとが健康ならなんとか喰っていける程度でね。そこで私は一生懸命になったわけです。家内はそれまでいろいろと私のためにやってくれたから、その恩に報いるためにとにかく働きました。当時私は七十代半ばでしたけれども、講演の機会があればどこへでもすっ飛んで行ったし、原稿を依頼されればどんどん書いた。一刻一刻が大事でしたね。自分が病んだらおしまいだ、というも思っていたんですよ。

吉行　すごくよくわかります。私はいま、百三歳の母と同じマンションの別々の部屋に住んでいるんですが、日常の細かいことをヘルパーさんにお願いしていますから、やはりお金がかかります。でも、そのために仕事をがんばっているようなところがあるので、それがいまの私の元気の素になっているかもしれない。もちろん、大好きな仕事をさせてもらっているので、ありがたいと思っていますけれども。

金子　同じですね。当時の私はとにかく稼がないかん、という気持ちが非常に強かった。同居する息子夫婦に依存するわけにはいかない、妻のことは全部、俺がやると。そのエネルギーが健康の源になっていたと思うんですよ。
結局、妻は八十で亡くなったんですが、そのとき私は八十六でした。その勢いのまま生きて九十一になりましてね。
吉行 とてもそんなお年には見えません。お目にかかるたびにお元気になられている感じがいたします。
金子 長寿同士ということで、聖路加国際病院理事長の日野原重明先生と対談をしたこともあるんですよ。
吉行 そのご本(『たっぷり生きる』)は拝読しました。日野原先生も、今年百歳になられるのに、すごくお元気ですよね。
金子 日野原さんも、どうしたら長生きできるかなんて、まったく考えていらっしゃいませんでしたね。とても素朴で純真で、とにかく今やりたいことをやるという人なんです。なるほど、やっぱりこういうふうに無邪気に自分の思う通りに生きていくほうが長生きするんだなあと、つくづく感じさせられました。だから、私も長生きしようなんてことをことさらに考えずに、ありのままに生きていこう、その時その時でベストを尽くしていこうと思っているんです。
吉行 私も、どうやったら長く生きられるか、なんてぜんぜん考えていません。

なるようにしかならないというか。

金子　私がありのままに生きていこうと思えるもうひとつの大きな力添えは、母親が百四歳までケロッと生きたことなんです。最後に見舞いに行ったとき、「どうだい？」といいましたら、「おお、与太が来たね」と。母は私のことを兜太と呼ばず、与太者の与太と呼ぶんですが、そのときも「与太が来たね、バンザーイ！」といって終わり。明るく大往生しました。そんな母を見ているので、どうしたら長生きするかなんて、考えたことがない。

吉行　うちの母も今年の夏で百四歳なんですよ。転んでしまって歩けなくなったとき、お医者様が「寝たきりになったら一〇〇パーセントぼけます」とおっしゃったんですけど、いまでも頭ははっきりしています。この間、私がロケから戻ってきて「どう、元気？」と聞いたら、「元気なのよ。こんな元気じゃ、死なないんじゃないかと思って心配しているのよ」って（笑）。自分が死なないことを心配しているんですよ。

そんなしっかりした母ですから、私が心配してもしょうがない。ましてや、母よりうんと若い自分のことを心配してもしょうがないから、もうなりゆきにまかせるしかないと思っている今日この頃なんです（笑）。

金子　お母さんが長生きしていらっしゃると長寿が当たり前のことに感じませんか？

吉行　ええ。普通だったら百年以上生きている人がそばにいるなんて珍しいことですけど、実際に傍らにいるんですから、特別なことではありませんね。

金子　私にとっても長生きっていうのは別に不思議なこっちゃないなあ。

吉行　でもね、先生、長く生きるかどうかは別として、生きている間は楽しくしなくてはいけないと思いませんか？

金子　そうだねえ。

吉行　楽しむためには元気でなくてはいけない。でも、若い頃に比べたら、元気でいるためにやらなければならないことがいくつか増えてきましたね。たとえば、無理をしないで、きちんと睡眠をとるとか。

金子　なるほど。元気でいるためにはそういうこともやらなきゃいけないのか。楽しく生きるのも大変だなあ。

「比べない」という健康法

吉行　私は子供の頃から病気ばかりしていて、特に五十代までずっと喘息を患っていましたから、普通の人のように若さを楽しんだ経験がほとんどないんです。私くらいの年の人たちって、「もう年を感じるわ。若いときはこんなことができたのに、無理がきかなくなって」と過去に引きずられて嘆いているわけですけれども、考えてみたら私にはそれがないんですね。なんだか、ずーっといつも同じなんです。

金子　私もちょくちょく俳優さんと会って話をする機会がありますが、けっこうみんないうんだ。「もう年で、くたびれて」とかね。そういえば、あなたからは聞いたことがない。

吉行　みんなは「昔はあんなに早く走れたのに」というけれど、私は昔から走れなかったし（笑）。

金子　ハッハッハ。吉行和子が走るなんてちょっとおかしな話だ。走らんと思うな、この人は。

吉行　自分でも、年をとってもけっこう楽しく人生を乗り切っていると感じるんですよ。それは比べるものがないからなんです。マイナスなことがあったとしても、それをマイナスと考えない。いまになってみれば、自分にとって起きたことはすべて助けになっているような気がします。楽しい輝かしい青春時代がなかったからこそ、いまでも平気でやっていける。

金子　それは発想の転換かもしれないな。比べて落ち込んでいる人が多いわけだから。

吉行　喘息というのは発作が起きていないときは普通の人と同じくらい元気なんですが、ひとたび発作が起きるともう何もかもあきらめなくてはいけない。あれもしたい、これもしたいと思っても、発作が起きたら突然、一でも二でもない、ゼロになってしまうんです。そのおかげで、あの人がうらやましいとか、私もこういうことをしたいとか、まったく思わなくなりました。「あ、これは縁がなかったんだ」って、ぱっとあきらめることができる。なんでもかんでもいいように解釈しちゃうんです（笑）。

金子　そうそう、あなたにはその明るい性格がある。私も明るいたちだからね、生きていくにはやっぱり明るいのがいいね。暗い性格だと、籠ったりする。籠りだすといかんですな。ばい菌がたまってくる（笑）。

吉行　先生が「イライラしたり、怒ったり、怒鳴ったりするような人は、お気の毒だけどあまり長く生きないんじゃないかな」とお書きになっていらっしゃったのを読んで、思わず笑ってしまったことがあります（笑）。

金子　その通りでしょう（笑）。

吉行　健康法といえば、先生はどこへいくにも尿瓶をバッグに入れて持ち歩いていらっしゃるんですよね？

金子　はい。尿瓶という道具は長生きの秘訣ですね。もう十五年くらい愛用してます。ベッドの脇で立ってできる。特に冬場の寒いときなんて、身体が冷えたりするでしょう？　年をとればとるほど、夜中のトイレは身体にこたえる。だから尿瓶がいいんですよ。

でも、そんなふうに私が勧めても、みんな、なかなか実行しないんだなあ。女性にいたっては、「いま、女性用のいいのができているんだよ」と教えてあげても、使う人はほとんどいない（笑）。

吉行　そういう先生のご意見に賛同してくださったのは、小沢昭一さんくらいですか？

金子　ええ。昭一さんは理解して、実践してくれています。こんなに健康のためにいいものを、みんな、なんで使わないんだろうか？

吉行　もしも私が使えるようになったら、それは大したものですよね。私たちの仕事って、ロケに出たりするとほんとうにトイレがないんです。いまでこそ「トイレはどこ?」って聞くことができますけれど、若い頃は「仕事中は絶対にトイレに行かない」と決めていて、そのせいで腎臓結石になってしまったこともあったんですよ。「こんな大きい石、見たことない」とお医者さんにいわれました。

金子　へえ、そんなご苦労までなさったんですか。女優さんは大変だなあ。

吉行　トイレに行きたくないから、水も飲まない。それで体内の水分が不足して結石ができやすくなってしまったんですね。もしも平気で尿瓶を使うことができたら、そんな心配もなく乗り切れたかもしれませんけど(笑)。ちょっとまだ勇気がないな……。

金子　あなたもそうですか? 簡単だと思うがなあ。吉行さんがおやりになったら、女優さん、みんな真似すると思うよ(笑)。

吉行　そうかしら……。花模様の尿瓶バッグに入れて……ちょっと発想の転換をしなきゃだめね(笑)。

何事も自然に楽しむ

金子　吉行さんは健康のために歩いたりなさるの?

吉行　ええ。女優さんたちはよくストレッチをやったりジムへ行ったりして、がんばっていらっしゃいますけど、私はその代わりに、とりあえず歩くことと、ちょっとインチキ腕立て伏せみたいなことをしています（笑）。

金子　それはどういう体操？

吉行　普通の腕立て伏せは大変なので、低いテーブルの上に手をついてやるわけです。身体も伸びて気持ちがいいですよ。

金子　そういえば、あなた以前、変な竹を使って竹踏みをやっているっていっていたけど、続けているんですか？

吉行　三種類くらい買って、トライしてみたんですが、結局、どれも私には合いませんでした。やはり、自分に合う方法でないと続きませんね。先生が実践していらっしゃる立禅（立って行う禅のこと）も、先生だからこそ続けられるんであって、私には無理なんです。これまでに亡くなったお知り合いの名前を唱えながらやっていらっしゃるんでしょう。

金子　そう、百二、三十人は暗記しているかな。唱える順番も決まっているんですよ。それをずっと繰り返していると、集中してきて心がスーッとする。また終わった後が気持ちいいんだね。

もちろん自分の記憶力を試しているっていう意味もあって、名前を滞りなくいえると「よし、まだ大丈夫だ」と安心して、それが自信につながる。お経を唱えてもいいんでしょうけど、私は無宗教だから。

吉行　きっと亡くなった方のことを先生が深く思っていらっしゃるから続けられるんでしょうね。やはり私には向いていないわ。これがいいと人に勧められても、ストレスがたまりそうなことはだめなんです。

金子　吉行さんのその自然さは非常に大切なことですよ。私の体験でもね、無理なことは続かない。健康法というのは全部そうだと思います。

吉行　舞台や映画の世界でも必要以上に無理して自分をよく見せたいと思っている人は、長続きしないような気がします。そういう気持ちがあまりにも強いと、もたないみたいですね。仕事だけでなく、なんでも自然に楽しんでいかないとだめなのかもしれません。

金子　ところであなた、五十代まで喘息だったとおっしゃっていたけど、その後、大きな病気はされていないんですか？

吉行　結構いろいろやってます。十数年前にはヘルペスになりました。母が九十一歳のときから私の海外旅行についてくるようになって……。もうプレッシャーで。

九十一の人を外国に連れて行ったらどうなるんだ？　と。そうしたら、出発前にヘルペスが出てしまったんです。それも、半端じゃないくらい。

金子　へえー、それは驚きだ。

吉行　それでも母はどうしてもついて来るというので一緒にメキシコに出発しました。私は現地で二日くらい高熱で寝ていたんですけど、母はもう生まれて初めてくらいに楽しんで……。すっかり海外旅行に目覚めてしまったんですね。

金子　ハッハッハ。九十一で目覚めたというのは傑作だ。

吉行　九十五を過ぎてからはさすがに海外はやめて、国内を二人でうろうろするようになりました。母が歩けなくなってからは、旅行好きの母をおいて私だけが行ったらかわいそうですから、自粛しています。おかげで最近、ちょっとストレスがたまってきていますが。

金子　あらら。ほんとかね、そりゃ。じゃあ、今度、旅に行きたくなったときは、いってくださいよ。私はあなたとランデブーがしたいな（笑）。私でよかったら喜んで行きます。

長生きの源は「自由であること」

金子　しかし、お話をうかがっていると、吉行さんの場合は病み抜いたという感じがするなあ。いろんな病気をその明るさと自由さで全部凌いでしまった。
吉行　そうかもしれませんね。母からも「あなた、病気ばっかりしていたから、いま元気なのね」といわれています。
金子　凌げるのは、やっぱり素質なんだと思いますね。
吉行　先生はずっと体力に自信がおありになったんですか？
金子　ございました（笑）。内臓には自信がありまして。母親が内臓が強くて百四歳まで生きてますし、親父からは丈夫な骨を受け継いでいますし。いま、私の骨密度は五十代かな？　それくらいの強さらしいです。
吉行　私も、呼吸器はだめなんですけど、胃腸はとても強いんですよ。みんながお腹《なか》を壊しているのに、私だけ大丈夫ということがよくあるんです。同じものを食べてもなぜか私だけ平気なんですね。だから胃腸に関してはすごく自信があります（笑）。

そういえば二、三年前のことですが、お顔の状態がおかしくなられたことがありましたね？

金子　ああ、顔面神経麻痺になったときですね。

吉行　その頃、ちょうどある飲料品メーカーの俳句大賞の審査でお会いしましたよね。先生がその場で「いやあ、しゃくにさわってねえ」とおっしゃったのを覚えています。「困りましたよ」とか「参りました」というのが普通なのに、「しゃくにさわって」と（笑）。病気をやっつけてやる、という感じがその言葉から伝わってきて、あ、これは絶対に治ると思いました。

金子　たしか三月の終わり頃だったなあ。急に顔の右の方が曲がりましてね。テレビ番組の収録で現場へ行ったら、私の顔を見たスタッフが驚いて、代わりの人を出した方がいいんじゃないかと心配するんですよ。でも、「まあ、やりましょう」と、そのまま出演してしまった。

吉行　反響はいかがでしたか？

金子　番組を見た人からはいろんな投書が来ましたが、好意的な意見が多かったようですね。私は、そこで引っ込んだら麻痺のほうがのさばる、ますます顔が曲がる、と思ったんです。吉行さんにお会いしたときも、必ず治してみせる、という気になっていた頃ですよ。それがよかったのかな。夏にはふーっと治りました。鍼治《はり》療も効いたんだと思いますね。こんなことをいうと非科学的だといわれるかもしれないけれど、やっぱり気合いで治すくらいの気持ちがなきゃだめだ（笑）。

吉行　そうですね。あのとき私は先生のことをほんとうにすごいと思いました。

金子　いやあ、ありがとうございます。

吉行　私、金子先生のような年上の元気な方が、いいたい放題お話しされているのを聞くのが楽しみのひとつなんです。きっとそれも私の健康法になっているんだろうと思います（笑）。

金子　なるほど、そういう手もあったのか（笑）。

吉行　失礼な言い方かもしれませんけれど、先生は心が自由だからおもしろいんでしょうね（笑）。俳句をやっていらっしゃる方って、自由な人が多いのかしら。

金子　いや、そうとは限りませんね。自由な人は意外に少ないです。なんというか、俳句について「こうあるべきだ」という考え方をする人が多いんですよ。対して、吉行さんは女優が本業だから、ある意味、俳句を道楽でやっているわけですよね。そのほうがおもしろいものを作れる。小沢昭一さんだってそうだ。いまはそういう人たちが増えていますから、俳句の世界が変わってきていますよ。それは非常にいいことです。

吉行　最近では俳句を健康法としてやってらっしゃる方が多いようにも聞きますが。

金子　そういう人たちの中に意外に「俳句はこうあるべき」と考えている人が多くてね、それは逆に寿命を縮めているんじゃないかなと思うこともあります（笑）。もっと自分の馬鹿げたところをさらして平気な顔ができないと。

吉行　俳句に関わっていると、たった十七文字ですごい世界ができるんだとだんだんわかってきました。「本物」に対して畏敬の念を感じます。私が同じようなものを作ろうとしても、とうてい無理。ですから、ちょっとごめんなさい、私は楽しませていただきます、というスタンスでやっているんですが。

金子　ご本人を前にして失礼な話だけど、吉行さんはけっこういい句をお作りになりますよ。文章もいいものをお書きになる。やはり自由だということが大きな才能なんじゃないかしら。あまりこだわっていないんですね。人が読もうと読むまいと平気、そういう妙な大胆さがある。舞台女優さんとして鍛えられてきたからかな。こんな優しい顔をしているけど意外に心臓も強くてね、うっかりするととって喰われるんじゃねえか、という感じがありますなあ（笑）。その自由さがいいんでしょうね。

吉行　そうですか、ありがとうございます。それもやっぱり年をとったからかしら?

金子　素質が年とともに出てきているんでしょうね。

吉行　これでも一応、若い頃は周りのことも考えたり、少しはよく見られたい、という気持ちがあったんですよ。でも、いまはぜんぜんありません(笑)。そういう意味では、年をとってよかったと思いますね。

金子　演劇界なんて競争が厳しいでしょう。そういうところでケロリと蛙のごとく泳ぐ、というと失礼だけれども、生きてこられたわけですからね。

吉行　なんとかこのまま楽しみながら毎日を過ごせたらいいですね。

金子　さすがだなあ。今日いろいろとお話しして、吉行さんがこれまで思っていたよりもはるかに自由な人だということに気づかせていただきました。大きい収穫でしたね。やっぱりそれが長生きの源なんでしょう。あなた、百二、三十まで生きるかもしれないよ(笑)。

HEALTH

ほとんどの
がんは遺伝しない

「最近、身近でがんなどの病気になった方はいらっしゃいますか？」健康診断でこう聞かれるたびに、「うちはがん家系だから」と不安が募る。

坪《つぼ》野《の》吉《よし》孝《たか》
（医学博士・早稲田大学大学院客員教授）

がんは日本人の死因の一位を占める病気だ。それだけに、さまざまな情報や「常識」が氾濫している。

例えば、がんは「遺伝子」の病気と言われる。そのため、親から子へ高い確率で「遺伝」すると考えられがちだが、これは誤解だ。「遺伝」するのは、家族性乳がんや特殊ながん家系など、がん全体の中でもごく一部に過ぎない。

がんが「遺伝子」の病気と呼ばれるのは、次のような理由による。細胞が分裂をする際に、古い細胞から新しい細胞に遺伝子がコピーされる。この時、発がん物質などの影響で、コピーにエラーが生じる。細胞分裂を繰り返すうちにこのエラーが蓄積していき、ある段階を越えると正常な細胞ががん化する。これは一人の人間の体内で生じることで、がんになりやすい体質が親から子へ引き継がれる、つまり「遺伝」することとは別の話だ。

「そうは言っても、祖父も父も胃がんだったし、自分も胃がんになった。やはりがんは遺伝するのではないか」と思う人もいるかもしれない。

しかし、これは体質が遺伝するというよりも、むしろ生活習慣が代々引き継がれた結果と考えた方がよい。例えば、秋田県は胃がんの多い地域だが、胃がんの危険因子である塩分を多く摂る。祖父が塩辛い味噌汁を飲めば、父も自分も同じ味になじむ。その結果として、親子三代同じ胃がんになる場合が考えられる。

もっとも、こうした生活習慣などの影響もあり、両親がある臓器のがんになった場合には、ならない場合と比べて、子供が同じ臓器のがんになる確率が二倍程度に増えるというデータも多い。親と同じがんになるのではないかと、過剰な心配をする必要はないが、定期的に検診を受けるなどして備えることが賢明だろう。

「神経質な人ほどがんになる」はウソ

「がんになったのは自分の性格が原因ではないか」。こう思い悩む人もいる。

しかし、最近の研究は、がんと性格には関係がないことを示している。私たちが二〇〇三年に発表した研究に、宮城県の地域住民約三万人の性格や生活習慣を質問票で調べたものがある。七年間の追跡調査の結果、約千例のがんの発症を確認した。調べた性格は、外向性－内向性、神経症的傾向（心配性、情緒不安定など）、非協調性（攻撃性、自己中心性など）、社会的望ましさ（律儀さ、虚栄心など）の四種類。分析の結果、それぞれの性格傾向が強くても弱くても、がんになる割合は増えも減りもしなかった。

より新しいデータとしては、フィンランドとスウェーデンの男女約六万人の性格や生活習慣を質問票で調べた過去最大規模の研究がある（二〇一〇年）。最長三十年の追跡調査を行なったところ、約四千六百例のがんの発症を確認した。調べた性格は、外向性－内向性と神経症的傾向の二種類。分析の結果、やはりそれぞれの性格傾向が強くても弱くても、がんになる割合は増えも減りもしなかった。

性格とがんの関係は約半世紀にわたり研究が続けられているが、最近の結果が示す限り、「自分の性格のせいでがんになるのではないか」などと、あまり心配する必要はなさそうだ。

「この健康食品を長年使っていますが、がん予防には効くんでしょうか」

こんな質問を受けることも少なくない。私たちは、どういった食物や栄養素、サプリメント、健康食品を摂れば、がんを予防できるのかとつい考えがちだ。だが、最近の研究では、「なにを食べるか」と同じくらい、「どれだけ食べるか」が重要だと考えられるようになってきた。

具体的には、カロリーの摂り過ぎによる肥満ががんのリスクを高め、カロリーを消費する運動ががんの予防につながることが、次第に明らかになってきているのだ。肥満と運動と言えば、糖尿病や心臓病との因果関係がよく知られているが、がんとの関係についてはあまり知られていないのではないだろうか。

ここで、食べ物などとがん予防について、今日の世界標準の「常識」とみなされている一覧表（86ページ）を紹介しよう。二〇〇七年、世界がん研究基金と米国がん研究機関が公表した報告書「食物・栄養・運動とがん予防—国際的視点から—」

の結論の抜粋だ。

栄養などの個別の要因と個別のがん部位との関連について、「確実」、「おそらく確実」、「限定的－示唆的」、「限定的－判定不能」、「関連性低い」の五段階で判定を行ない、このうち、「確実」「おそらく確実」と判定された要因を表に示している。

因《ちな》みに、この報告書は世界的に著名な二十二人の研究者からなる委員会が五年の歳月をかけて約七千件の論文をとりまとめ、総合評価を行なったもの。七千件の論文の成果を一つの表にまとめた結論だから、ふつうの健康情報とは信頼性の重みがまったく異なる。

野菜や果物に、それほどのがん予防効果はない

じつはこれに先立って、世界がん研究基金と米国がん研究機関は、一九九七年にも同趣旨の報告書を公表している。二〇〇七年の報告書は第二版に相当するものだ。この二つの報告書の判定を比較すると、この間の十年における研究動向が反映されていて興味深い。

食物・栄養・運動とがん予防の判定

☺(大) リスク低下は「確実」。 ☺(小) リスク低下は「おそらく確実」。 ☹(大) リスク上昇は「確実」。 ☹(小) リスク上昇は「おそらく確実」。

	口腔・咽頭・喉頭	食道	肺	胃	膵臓	胆のう
食物繊維を含む食物						
野菜[1]	☺(小)	☺(小)		☺(小)		
ネギ属野菜（ネギ・タマネギ・ニンニク等）				☺(小)		
ニンニク						
果物[2]	☺(小)	☺(小)	☺(小)	☺(小)		
葉酸を含む食物（緑黄色野菜、果物、レバー等）					☺(小)	
リコピンを含む食物（トマト等）						
肉類						
加工肉（ハム・ベーコン・ソーセージ等）						
カルシウムの多い食事[3]						
高カロリーの食物[4]						
低カロリーの食物						
塩分・塩蔵食品				☹(小)		
糖分を加えた飲料						
アルコール飲料[5]	☹(大)	☹(大)				
ベータカロテン[6]			☹(大)			
運動						
運動不足の生活[7]						
肥満		☹(大)			☹(大)	☹(小)
腹部肥満					☹(小)	
成人期の体重増加						
高身長					☹(小)	
出生時の高体重						
授乳（母親）						

er Research. Food, Nutrition, Physical Activity, and the Prevention of Cancer: a Global Perspective. Washington DC: AICR, 2007:370.

肝	大腸[8]	乳房（閉経前）	乳房（閉経後）	卵巣	子宮体部	前立腺	腎	体重増・過体重・肥満
	☺							
	☺							
						☺		
	☹							
	☹							
	☺					☹		
								☹
								☺
								☹
☹	**☹**（☹）	**☹**	**☹**					
	☺		☺		☺			**☺**
								☹
	☹	☺	**☹**		**☹**		**☹**	
	☹		☹		☹			
			☹					
	☹	☹	**☹**	☹				
		☹						
		☺	**☺**					

1 以下の知見を含む。口腔・咽頭・喉頭がんに対する、カロテン類を含む食物。食道がんに対する、ベータカロテンを含む食物。食道がんに対する、ビタミンCを含む食物。 2 以下の知見を含む。口腔・咽頭・喉頭・肺がんに対する、カロテン類を含む食物。食道がんに対する、ベータカロテンを含む食物。食道がんに対する、ビタミンCを含む食物。 3 大腸がんに対する牛乳とサプリメントを用いた研究からの知見。 4「ファストフード」を含む。 5 大腸がんに対して、男性は「確実」、女性は「おそらく確実」。 6 肺がんに対するサプリメントを用いた研究からの知見。 7 テレビ視聴に関する知見を含む。 8 運動に対する判定は結腸のみに適用し、直腸には適用しない。

（抜粋、2007年世界がん研究基金／米国がん研究機関）　出典 World Cancer Research Fund / American Institute

まず注目されるのは、肥満の役割の増大である。第一版では、肥満によるリスク上昇が「確実」と判定されたのは子宮体部がんのみだったが、第二版ではこれに加えて、食道・膵臓・大腸・乳房（閉経後）・腎臓などのがんが追加された。

逆に「がんのリスクを低下させる」という意味で運動の役割も増大している。第一版では、運動をすることによって結腸がんのリスクが「確実」に低下するとされたが、第二版では、閉経後乳がんと子宮体部がんが「おそらく確実」のところに加わった。

一方、野菜の役割の低下が目立つ。第一版で、野菜によるリスク低下が「確実」「おそらく確実」とされたのは、口腔・喉頭・食道・肺・胃・膵臓・大腸・乳房・膀胱などの多数のがんだった。しかし第二版では、「確実」の判定はなくなり、「おそらく確実」として口腔／咽頭／喉頭・食道・胃などのがんが挙げられるに留まっている。

果物の役割も低下している。第一版で、リスク低下が「確実」「おそらく確実」と判定されたのは、口腔・喉頭・食道・肺・胃・膵臓・乳房・膀胱などのがん。第二版では、野菜同様「確実」の判定はなくなり、口腔／咽頭／喉頭・食道・肺・胃などのがんで「おそらく確実」とトーンダウンしているのだ。

食べ物によるがん予防と言えば、まずは野菜と果物を思い浮かべる人が多いのではないだろうか。けれども今回の報告書では、かつて考えられていたほど野菜や果物の役割は大きくないことをうかがわせる結果となった。「これまでがん予防の万能薬だと信じて、野菜や果物をたくさん食べるように努めてきたのはなんだったのか」。そう思われる向きもあろう。とはいえ、野菜や果物は心臓病、脳卒中、糖尿病の予防にもなるので、積極的に食べるほうが良いことに変わりはない。

ところで、どちらの報告書も多くのがん部位でリスクが上昇すると判定しているのがアルコール飲料である。第二版では、口腔／咽頭／喉頭・食道・大腸（男性）・乳房（閉経前）・乳房（閉経後）などのがんが「確実」、肝臓・大腸（女性）などのがんが「おそらく確実」となっている。

「酒飲みのがん」といえば、食道がんや肝臓がんを思い浮かべる人が多いだろう。しかし、アルコールは女性の乳がんにも「確実」に関係があるのだ。飲酒によって女性ホルモンのエストロゲンの濃度が上がり、乳腺の細胞分裂を促進することががん化につながるなどのメカニズムが考えられている。

「ベータカロテン」によって「肺がん」のリスクが「確実」に上昇すると判定され

ていることにも注目したい。

にんじんやかぼちゃに含まれるベータカロテンは、かつてがん予防の切り札のように考えられていた。しかし、多量のベータカロテンのサプリメントを飲み続けることで、喫煙者の肺がんがかえって増えてしまうという研究が一九九〇年代に続けて報告された。これらの研究が、今回の判定の基礎になっている。むろん、にんじんやかぼちゃなどの野菜を通してベータカロテンを摂る分には、心配はない。

がん予防の目的でサプリメントを飲まない

さて、この第二版報告書では、表に示した評価判定にもとづき、次のような十項目も推奨している。

①やせにならない範囲で、できるだけ体重を減らす。

②毎日三十分以上の運動をする（早歩きのような中等度の運動）。

③高カロリーの食品を控え目にし、糖分を加えた飲料を避ける（ファストフードやソフトドリンクなど）。

④いろいろな野菜、果物、全粒穀類、豆類を食べる（野菜と果物は一日四百グラム以上）。
⑤肉類（牛・豚・羊等。鶏肉は除く）を控え目にし、加工肉（ハム・ベーコン・ソーセージ等）を避ける（肉類は週五百グラム未満）。
⑥アルコール飲料を飲むなら、男性は一日二杯、女性は一杯までにする（一杯はアルコール十～十五グラム、日本酒約半合に相当）。
⑦塩分の多い食品を控え目にする。
⑧がん予防の目的でサプリメントを使わない。
⑨生後六カ月までは母乳のみで育てるようにする（母親の乳がん予防と小児の肥満予防）。
⑩治療後のがん体験者は、がん予防のための上記の推奨にならう。

この十項目をまとめると、肥満を避け、運動をし、いろいろな食物を食べ、肉類とアルコールと塩分は控えめにし、特別なサプリメントは必要なし、ということになる。結論だけを見るとごくシンプルな話に落ち着くが、これが最新の科学的根拠に基づくがん予防策なのだ。

シンプルな生活習慣を着実に実行することが、もっとも科学的ながん予防策――高価な健康食品や特別な習慣は、必要ないのである。サプリメントや健康食品を売ろうとして氾濫する情報に、惑わされないことが大切だ。

対談

ひとり暮らし 終の棲家を探して

吉本由美《よしもとゆみ》（エッセイスト）

川本三郎《かわもとさぶろう》（評論家）

――評論家・川本三郎さんの妻でファッション評論家の川本恵子さんが、三年にわたる闘病生活の後に亡くなったのは、二〇〇八年六月。それから二年半が経ち、川本さんは、夫婦で長年暮らしたマンションからひとり暮らし用のマンションに引っ越しをした。一方、吉本由美さんは八〇年代から「アンアン」「オリーブ」などの女性誌で大活躍したインテリア・スタイリスト。九〇年代からは執筆活動に専念し、トラベルエッセイを始め多くの著書が人気を博している。吉本さんは、このたび四十四年間の東京ひとり暮らしを卒業し、九州・熊本の実家で暮らすという選択をしたばかり。

川本　じつは私、去年の暮れに引っ越しをしたんですよ。だから今はまだ家の中が段ボール箱の山だらけで。

吉本　それは大変でしたね。

川本　若い編集者たちに手伝ってもらったのでだいぶ助かりましたが、最終的に本やDVD、CDの仕分けは自分でやらざるを得ないでしょう。それが大変で。もう引っ越しは二度とできない。今度の家はやはり、終の棲家になるなと思いました。吉本さんは三月に熊本のご実家に帰ることになさったとか。引っ越し準備は順調ですか？
吉本　それがぜんぜん……。そろそろ本腰で始めないといけないんですが。
川本　私よりも、吉本さんのほうが荷物の整理は大変そうですよね。器や洋服が多いんじゃないですか。
吉本　そういうものは早い時期から片付けているんです。器は十四年前に今のマンションに越すときに。食器棚を置かないことにしたので今はもう必要最小限のものだけです。知り合いに譲ったり、ガレージセールに出したりして処分してきたんです。絶対に着ない服はボランティアの方にもらっていただいたり。問題はレコードとか本とか仕事で使ってきた資料……もうとっくの昔に終わった仕事なのに、思い出が詰まっているので捨てられなくて。
川本　愛着がありますものねえ。吉本さんは、もともと熊本のご出身なんですか？
吉本　はい、市内です。
川本　ご実家はマンションですか。
吉本　一軒家です。
川本　一軒家、大変ではありませんか？

吉本　大変です、古いですからね。
川本　たしか数年前にお会いしたとき、遠距離介護だとおっしゃっていましたね。
吉本　はい、兄と弟と私が交替で両親の様子を見に行っていたのですが、ふたりとも在宅での介護が無理になってしまって、一年前に施設に入ったんです。
川本　ご両親はおいくつ？
吉本　父は九十五、母は八十九歳です。
川本　八十過ぎのご両親がふたりで暮らしていらしたんですね。
吉本　介護保険を目一杯使って、ヘルパーさんに一日四回きてもらうようにしていました。でも、母がよく家の中で転んで、夜中にヘルパーさんから「倒れていらっしゃいます」と何度も電話がかかってくるようになって。それで次に住み込みの家政婦さんをお願いしたところ、お金がすごいんですよ。毎月どんどん消えていく。これじゃとてもやっていけないと老人ホームに申請したのですが、百人待ちといわれてしまいました。困ったなあと思っていたら、ふたりの要介護度が上がったんです。それで優先的に入れてもらうことができました。ふたり部屋に一緒に入れたんです。
川本　ああ、よかったですね。失礼ですが、お互い同士はわかるんでしょう。
吉本　ふたりとも認知症で、今日は何日だとか、そういうことはわかりませんが、会話はできます。足腰が弱いので徘徊する心配もありません。

川本　そのお歳までご夫婦一緒にいられて、一緒のお部屋でおそらく最期を迎えるというのは、ある意味幸せですよ。

吉本　だから私は母にいうんです。本当に羨ましい、私なんかひとりだから、この先お母さんのように子供が世話をしてくれることもないし、お金もないし、悲惨だよ、と。そしたら母は、「そうねえ、あなたが心配だ」って（笑）。

川本　そういう会話ができるのなら、ボケていないじゃないですか。

吉本　まだらボケなんですね。母の状態をわかっていない人と会話すると、けっこうとんちんかんなことがあったりします。リフォーム詐欺で一千万円くらいだまし取られてしまったこともあったんですよ。

川本　え、どんなリフォームですか？

吉本　シロアリ退治とか、通気をよくするための工事が必要だとか。調べると、それらしい装置はおいてあるのですが、弁護士さんに見てもらったら、これはリフォーム詐欺だと。十何軒の業者がつながっていて、大本の会社は実体がない。だから裁判をしてもお金は戻りませんといわれました。そのときは本当に、私たち子供が常に居てあげられなくて悪かったなあと後悔しました。友達のお母さんもお布団詐欺にあったんですよ。家にいっぱいお布団があるからどうしたのと聞いたら、すごくいいものだからといわれて買ったと。
川本　うーん。年をとったらやはり身近に誰かいないと心配ですね。

高齢、ひとり暮らしのサバイバル術

吉本　リフォーム詐欺がわかったのも、昔から懇意にしている地元の電気屋さんが電球を取り替えにきてくれたときに、変な男たちがうろうろしている、これはおかしいと、私に電話をかけてくれたのがきっかけでした。
川本　そういうことを考えると、歳とることがだんだん怖くなってくるなあ。この間、ひとり暮らしの女性が家のトイレに閉じ込められた話があったでしょう。トイレに入ってドアを閉めたら、廊下に立てかけていた炬燵《こたつ》セットの箱が倒れてドアが開かなくなってしまったという。あれも他人事ではないなと思いました。
吉本　あの事件があって、バタンと外から荷物が落ちてきてドアが開かない、そんなことが現実に起こりうると、初めてわかりましたよね。私もドアの近くには物を置かないようにしています。ひとり暮らしの身にはいい教訓になりました。それであの女性、八日間も閉じ込められたのに無事に助かって、すばらしい。

川本　こうなると、自宅のトイレの中にも非常用ブザーが必要になってきますね。携帯電話を持ってトイレに入るとか（笑）。

吉本　うちはお風呂の扉が古くて、ときどき、あれ、開かない、ということがあるんです。だからもしそうなっても大丈夫なようにドライバーを中に置いています。いざとなったら戸をこじ開けて出られるように。歳をとると、そうやって生活がどんどんサバイバルな感じになってくるんですね（笑）。

川本　私は、少しコンパクトなマンションにしようと思って引っ越したのですが、既成のマンションというものは家族用に設計されていて、ひとり暮らしの人間にはすごく使い勝手が悪いと気づいたんです。たとえば、家族団欒の場であるリビングルームがやたらに広い。仕方がないから間仕切りして、片方のスペースを書斎にしましたが、風呂場もなぜこんなに広いんだろうと思うくらいです。

吉本　かといってシングル用のマンションでは、そういう場所が狭すぎるんですよね。

川本　でも、最初からいろいろなところに手すりがついていて、バリアフリーだけは徹底しているんです。

吉本　うちの実家も両親が長年住んでいたので、ほとんどバリアフリーです。

川本　終の棲家になりそうですか。

吉本　うーん、まだわかりませんが、もっと歳をとったら築五十年以上の一軒家に住むのは無理かな。雨戸なんか何枚開けなきゃいけないか、という感じですから。母親も長い間、二階の雨戸は開けていなかったので、自分もそうなっちゃうのかなと思うと、寂しいでしょう？　二階が空洞になっている古い家で、おばあさんがひとり生きてるというのも（笑）。しかも、周りに昔からあった家は全部駐車場になってしまったし。

川本　小さい頃からの仲良しのお友達はいらっしゃらないんですか？

吉本　高校を出てからずっと東京暮らしなので、長くつきあっている友達は熊本にはいないんです。最近ちょっと知り合いになった若い人はいますけれど。

川本　よくそのお歳で思い切った決断をされましたねえ。

吉本　結局、今までの生活に飽きたんですね。東京ひとり暮らしを四十四年間やってきましたが、一生は一回しかない。〝違う生活の人〟になってみたいという気持ちでしょうか。じつは、三、四年くらい前から地方で暮らしてみたいと思っていたんです。ただ、あまり歳をとってからだと、知らないところを楽しめるかどうかわからないので、まだ好奇心や体力が残っているうちに引っ越そうと。考えてみたら、これまで旅やら仕事やらで国内のいろんな町を見てきたのに、自分の生まれた町はぜんぜん見ていなかった。だから今、すごく新鮮に感じられる。町のサイズがちょうどいいんです。大きすぎず、小さすぎずで。帰ったらいろいろ探ってみようかなあと、楽しみにしています。両親が施設に入らなかったら、たぶんこういう展開にはならなかったと思います。「行かないでー」と、いわれたりもしますが、一度そういう気持ちになったらもう戻れない（笑）。それと、私は猫を飼っていて、チェロも習っているので、一軒家はなにかと都合がいいんです。

川本　猫は何匹ですか？

吉本　今は一匹です。お喋りで、すごく鳴く子なんですよ。だから周りの人にはうるさがられていると思う。チェロの練習も、上手ならいいのですが、私の場合ほとんど騒音（笑）。今のマンションでは音が漏れないように夏でも全部閉め切って、汗をダラダラ流しながら練習していたんです。一軒家だと、そういうことで周りに気をつかわなくてよくなると思うんですね。

――吉本さんは五十代になってから約十年間、バーテンダーの修業に打ち込

んだり、国内の小さな町をのんびり回ったりして、人との出会いを大切にしてきた。熊本でもゼロから新しい出会いを積み上げて、楽しく生活していけそうな予感がしている。一方、川本さんの引っ越しは、前の家から徒歩で十五分くらいの場所で、生活圏はこれまでとほとんど変わらない。

川本　私は旅好きで、しょっちゅう列車で旅をしているので、それが一種のリセットになっているんです。だから、引っ越しをするときに、生活のパターンはそれほど大きく変えなくてもいいかなと思った。それと、今のマンションを決めた理由のひとつが、緑なんです。歳をとったせいか、緑が恋しい。建物が公園に面していて、とても気持ちよい緑地でしてね。家内とよく散歩したところなので、その思い出もあって。ただ、駅からは前よりも遠いんです。最寄り駅は二つあって、どちらにも徒歩十五分くらい。

吉本　十五分くらいだったら、健康のために歩くにもちょうどいいですね。

川本　生活圏は以前とほぼ同じなので、毎日のように行っているお豆腐屋さんは私が引っ越したことを知らない（笑）。

吉本　そこに住み着こうと思うとき、一軒か二軒、好きなお店があるというのはすごく大事ですよね。

川本　私の場合は豆腐屋さんと、居酒屋。前に住んでいた浜田山には、ご夫婦でやっているいい居酒屋もありまして。また、珍しくまだ銭湯が残っていて、引っ越してからもたまに入りにいきます。それから、これはちょっとずるいんですが、吉本さんと違って人に頼りたい気持ちもあって、姪っ子夫婦に近所に住んでもらっています。

吉本　それはありがたいですよ。万が一のときに駆けつけてくれる人が近くにいるのは、なにより心強いですから。

川本　吉本さん、私、最近、恥ずかしいものを持ち歩いていましてね。ひとりになって旅ばかりしているから、途中でばったり倒れたら大変だと思って、こういうカードを作ったんです。

吉本　緊急時の連絡先を記したカードを、ご自分で作られたんですね。べつに恥ずかしくないですよ。私も持っています。昔から猫を飼っているので、自分が倒れたときに猫の面倒をみてくれる人の連絡先を書いたカードをいつもお財布の中に入れているんですよ。

川本　そうか、猫のためにね。よかった、私だけじゃないんだ（笑）。

吉本　大事なことですよ。病気のことなんかも書いておくと、倒れたときに救急車の人の対応が早くて命が助かったとか、聞きますよね。それは歳の問題じゃなくて、みんなやっておいたほうがいい。私は一昨年まで旅に出たり、介護で家に帰ったりすることが多かったので、緊急連絡先を書いたものは必ず持っていました。猫を引き取ってくれそうな人のリストはもちろん、猫の性格まで書いて（笑）。あと、猫貯金があるので、それを養育費にしてくださいっていうことも。

川本　えっ、猫のために貯金してるんですか。大したものだ。

吉本　そうじゃないと心配で、安心して死ねないというか、旅行にもいけない。その代わり、自分には貯金はないんです（笑）。

食事作りを頑張りすぎない

川本　私はひとりになって最初の頃は、家内がいつもしてくれていたように、頑張って食事を作らなければいけないと思っていたんです。それで、朝晩ちゃんとご飯を炊いて、いろいろな料理を覚えたりもしましたが、去年くらいから、あまりこういうことで頑張っても仕方ないんじゃないかと思い始めたんですよ。最近は自分で作るのは朝だけにしています。売っている惣菜なんかでいいやと思って。
吉本　いつもいつも出来合いのものだけでは寂しいけれど、その中に一品か二品、自分で作ったものがあればいいんじゃないかしら。私も同じですよ、忙しいときは。それにひとりですから、何から何まで作っていると、材料が余ってしまって。
川本　そうなんです、人参だって一本全部使い切るのはけっこう大変だし、大根一本食べるのもひと苦労ですよねえ。それから「お取り寄せ」というのもしなくなりました。もうゴミが増えるだけ。まず段ボールの箱。で、中身に辿り着くまでにいろんなものが入っていて、それを捨てることを考えたらもういいやって。
吉本　三十代くらいのときは、有機野菜に凝っていて取り寄せたりしていましたが、今は使い切れないことのほうが気になってしまう。
川本　頑張って料理を作らなくなったもうひとつの理由は、二〇〇九年に数学者の森毅さんがご自分で料理中にガスの火が服について大火傷されたということがありましたよね。自分にも起こりうることだなあと。あと、この間は宅配便を装った人にお年寄りが殺された事件もありましたよね。
吉本　怖いですよね。とにかく宅配便がきたときにはすぐにドアを開けず、「送り主は誰ですか」と聞いて確かめること、と警察の人はいっていましたね。

川本　なるほど。いやいや、吉本さんとこんな話をするとは、若い頃は思いもしなかったな（笑）。
吉本　本当ですねえ。最初に対談したのは、散歩の話でしたね。
川本　そうそう、二十年くらい前です。
吉本　あの頃はお互いに若かったですものね（笑）。川本さん、どこか健康診断で要注意のところはありますか？
川本　いちばんは、血圧ですね。高いんですよ。
吉本　原因はお酒？
川本　体質的なものもありますが、やはりお酒ですねえ。ひとりで家にいると、夜つい飲んでしまうことが多くて。だから、もう夜は早く寝ることにしているんです。早いときは九時ぐらいに寝てしまいます。でもね、去年の夏にこんなことがあったんですよ。猛暑で熱中症で死ぬ老人が多かったじゃないですか。私はその日、七時ぐらいから酒を飲んで八時頃にはもう寝てしまったんです。たまたま電話を留守番電話にセットしていなくて、編集者が何度電話しても出ないから、私が熱中症になったんじゃないかと心配して、消防署に通報したんです（笑）。それで、私は寝床で、何だか部屋の中がザワザワしてるなあと。目を開けたら、知らない男が三、四人そこにいた。あれにはびっくりしたなあ。
吉本　うわー、大変。
川本　救急隊の人たちが無線で「生存者一名発見」などといっている（笑）。
吉本　これから田舎でひとり暮らしに突入する身としては、重々注意しないとだめですねえ。
川本　去年は冗談ですみましたが、シリアスな場合もありうるわけですよね。その編集者には感謝しましたよ。今まで携帯電話は自分がかけるときしか使っていなかったのですが、かかってきたらちゃんと受けようという気になりました。
吉本　私も携帯電話はずっと持たずにきましたが、親が具合悪くなってからは、お互いに使って安全確認をするようになりました。川本さんがお家で何かあったらおそらく姪御さんが駆けつけてくれると思いますが、ご近所と仲良くなっておくのもいいと思います。私は今までずい分、周りの人に支えてもらってきましたよ。

最期はどこで迎えたいか

川本　アメリカにジョージ・バーンズという九十過ぎまで活躍した俳優がいて、

彼のジョークの最高傑作にこんな話があるんですよ。トレードマークが葉巻で、葉巻を吸いながらインタビューを受けて、しかもブランデーか何か飲んでいたんですね。そしたらインタビュアーが、「そのお歳でそんなに葉巻吸って、ブランデーまでお飲みになってたら、主治医に注意されませんか」といったら、「俺の主治医はもうとっくに死んだ」って（笑）。私もそこまでやりたいなあと。

吉本　川本さんは、最期はお家で迎えたいと思ってらっしゃいますか？

川本　最期ですか？　私の場合は家内が先に逝ったから、たぶん自分が死ぬときは、ああ、かみさんに会いにいけるんだと思える。その点では家内に感謝しているんですよ。だから、場所にはこだわりませんね。自宅よりもむしろきれいな看護婦さんのいる病院のほうがいい（笑）。

吉本　私の希望は、たとえば癌のような最期まで意識がはっきりとしている病気であれば、自宅にいるほうがいいかな。逆に、意識がはっきりしない病気だったら、周りの人が大変ですから病院がいい。

川本　それはありますね。

吉本　親しくしていた友達が亡くなるとき、名前を呼んで手を握ったら、キュッと握り返してきたことがあったんです。全体的に意識はないといわれていても、何かあるんじゃないかなと。

川本　耳は最後までしっかりしているんですってね。だから、親族が、もうじき死んでいく人のそばで葬式の話なんかしては絶対いけないんですって。

吉本　ばったり倒れてしまったら仕方ないけれど、すごく親しい人が手を握ってくれていると、安心して逝けるかなあと思ったりしますよね。熊本に帰ったら、そういう人は私の周りにはいない。でも、これから新たに作れるかもしれませんしね。それから終末期に関しては、延命治療はしないでほしいとか、そういう意思表示も遺言に書き足しておかないといけないですね。

川本　遺言って、もう書いていたりしているんですか？

吉本　遺言というより、猫のこととか仕事のこととかの処理の指示。ひとりなので、あと始末をしてくれる人が困らないよう三十代から書いています。でも、状況が変わるのでしょっちゅう書き直していますよ。

川本　やはり、ひとり暮らしのベテランは違うなあ。私なんかまだ三年目だから。

吉本　私からみれば川本さんはひとり暮らしの一年生みたいなものですね（笑）。

川本　先輩にもっとコツを教えてもらわないと。

吉本　そういう私も熊本での生活がどうなるか、まだ全然わかりません。でも、きっと向こうでまた知り合いができると思うので、皆さんと楽しくつきあってこれまでとは違う世界をつくりたい。今考えているのは、自転車を買ってあちこち探索してみようかと。

川本　もう電動付きでないと（笑）。

吉本　でも、足腰を鍛えるには電動じゃないほうがいいですよ。熊本をベースに、九州一帯のまだ知られていない手仕事を捜していくのも楽しいんじゃないかと思っています。

川本　八代から人吉まで行く肥薩線の列車は、若い女性の車掌さんが多いんです。

吉本　それは知りませんでした（笑）。

川本　それに、ＪＲ九州は列車のデザインがすばらしい。

吉本　あ、それは私も知っています。たとえば「つばめ」とか、宮崎から大分を通って博多に行く列車なんて、車内の色やデザインがすごく可愛いんですよね。

川本　吉本さん、意外と「鉄子ちゃん」なんだなあ。じゃあ、次は九州で鉄道の話をしましょうよ。

吉本　いいですね、それまでに楽しいところをいろいろ調べておきます。

HOUSE

終の棲家選びの落とし穴

長岡《ながおか》美代《みよ》
（介護・医療ジャーナリスト）

ひとり暮らしの不安や、加齢・介護への備えのために高齢者住宅への住み替えを考える人が増えている。だが、ほんとうにそれで老後の安心を得られるのだろうか。

「子供に迷惑をかけたくない」と考え、住み慣れた自宅から、食事や見守りなどが付いた高齢者住宅への住み替えを検討するシニアが増えている。核家族化で独居や夫婦のみの高齢世帯が増え、介護を家族に頼りにくい事情もある。ただ、高齢者住宅の種類は多く、何をどう選んだらいいのかわかりにくいのが現状だ。

比較的元気なうちに住み替えられる先には、有料老人ホームがある。「介護付き」と「住宅型」があり、いずれも食事や緊急時対応などのサービスが提供される。だが、介護が必要になった時の対応は異なるので注意が必要だ。

元気なうちに入居も「こんなはずではなかった」

介護付きは、住まい(居室)と介護サービスの提供が一体となっているのが特徴で、都道府県等から「特定施設入居者生活介護(特定施設)」の指定を受けた施設を指す。入居者三人に対して介護・看護職員を一人以上配置(常勤換算)し、二十四時間態勢で介護サービスが提供される。要介護者専用のホームが多いものの、元気なシニアも入居でき、将来の介護に備えられるところもある。

一方の住宅型は、介護が必要になったら、訪問介護やデイサービスなどの介護事業所と別途契約しなければならない。必要なサービスを自由に組み合わせて利用できるのが利点だ。現在、全国に有料老人ホームは七千七十六カ所あるが、このうち住宅型は四千二十九カ所と、介護付きを上回っている(二〇一二年三月末現在、筆者調べ)。自治体が介護保険で賄う費用の増加を懸念して、介護付きの新設を抑えているため、規制のない住宅型に参入する事業者が増えているからだ。定員が十人未満の少人数向けホームや既存のマンションを改修したものなど、規模も価格帯もバラエティに富んでいる。

近年は、高齢者向け賃貸住宅の台頭も目立つようになってきた。有料老人ホームのように高額な一時金がいらず、月額十万円前後（家賃、管理費、食費込み）で暮らせるものもある。年金暮らしのシニアにとっては朗報だろう。一般住宅と同じようにプライバシーが確保され、自由に暮らせる点も人気を呼んでいる。

中でも注目株なのが、「サービス付き高齢者向け住宅」。部屋の広さや設備が一定の基準を満たし、バリアフリー仕様となっている住宅で、緊急時対応（安否確認）と生活相談も付いている。国が建設費の補助金を出し、税制上も優遇しているため、不動産・建設会社などからの参入も相次いでいる。

介護が必要になった時は、住宅型有料老人ホームと同じように、介護事業所と別途契約するのが基本だが、事業所を併設して介護施設並みのサービスが受けられるものもある。

だが、思わぬ落とし穴もある。介護事業所が併設されていても、夜間や休日は職員が不在だったり、そもそも介護度が重くなった時への対応を想定していなかったりするものがあるからだ。

緊急時対応も、夜間は警備会社に外部委託している住宅もある。

特に気をつけたいのは、認知症になると退去を迫られるケースがあること。徘徊する、大声を出す、他人の部屋に勝手に出入りするなどの行為が繰り返されると、「共同生活が営めず、他人に迷惑がかかるから」という理由で、事業者から退去を迫られることが往々にしてある。必ずしも「終の棲家」になる保証はないのだ。同じことは有料老人ホームにも言える。

将来的に介護サービスを期待するなら、どの程度まで対応できるのか確認したうえで、職員の保有資格や配置数（夜間や休日を含む）、かかる費用を聞き出し、契約書や重要事項説明書でも確認しておくことが肝心だ。

元気なシニアにとっては、風邪などで体調をくずした時に支援してもらえるかどうかも意外に大切だったりする。

最近は施設類型や見た目による違いがわかりにくくなっており、住み替え先を選ぶ側にも見極める力が不可欠となっている。入居してから後悔することのないよう、望む暮らしに叶ったサービスがあるか念入りなチェックが欠かせない。

❏ 元気なシニア、または軽・中度の要介護者向けの住み替え先

介護付き有料老人ホーム	規定の介護・看護職員を配置し、介護保険の「特定施設入居者生活介護（特定施設）」の指定を受けたホーム。食事や緊急時対応（安否確認）も提供される。住まい（居室）と介護サービスの提供が一体となっているのが特徴。元気なうちに入居できるホームもある。
住宅型有料老人ホーム	食事や緊急時対応のサービスを提供するホーム。介護が必要になったら、訪問介護やデイサービスなどの介護事業所と別途契約する。
サービス付き高齢者向け住宅	部屋の広さや設備が一定の基準を満たした、バリアフリー仕様の高齢者住宅。緊急時対応と生活相談のサービスは付くが、その他のサービスは住宅により異なる。介護が必要になったら、訪問介護やデイサービスなどの介護事業所と別途契約するのが基本。
高齢者向け賃貸住宅	高齢者を入居対象とする賃貸住宅。名称は、「高齢者住宅」「シニア向けマンション」など、さまざま。設備やサービス内容に規定がない。行政が関知していない物件も多い。
ケアハウス	食事や緊急時対応のサービスを提供し、所得に応じた月額費用の軽減策がある施設。介護サービスは訪問介護などの事業所と別途契約が基本だが、規定の介護・看護職員を配置した「特定施設」もある。

退去要件などによっては、下記に住み替えが必要になる例もある。

❏ 中・重度者（おおむね要介護3以上）向けの介護施設

特別養護老人ホーム（介護老人福祉施設）	重度者など、優先度の高い要介護者が入所できる施設。看取り対応も可能。４人部屋が主流だが、近年は個室化が進んでいる。
介護老人保健施設（老健）	専門的なリハビリを受け、基本は在宅復帰を目指す施設。入所期間は３～６カ月が一般的だが、施設によっては長期滞在できるところもある。
介護療養型医療施設（介護療養病床）	急性期の治療を終え、長期療養が必要な重度の要介護者向けの医療施設。医師が常駐し、看取りへの対応も可能。
認知症高齢者グループホーム	認知症と診断された要介護者向けの施設。少人数ケアが特徴。原則、ホームのある市町村の住民しか利用できない。

自宅を売って住み替えるには覚悟がいる

「毎日、食事を作るのが億劫だった」

佐藤一夫さん（仮名、七十七歳）は、妻を病気で亡くしてから一人暮らし。東海地方の田舎町で暮らしていたが、外食できる場所は少ない。意を決して四年前に自宅を売却。約三千万円の一時金を払い、食事が提供される関西の有料老人ホームに入居した。

「住み替えのための勉強会に参加し、複数の有料老人ホームを見学した。大手企業が経営するホームも見たが、いかにも〝老人向け〟という雰囲気が嫌だった。ここは元気な入居者が多く、スタッフも誠実でよい」と、入居後の暮らしにも満足している様子だ。

佐藤さんには子どもが三人いるものの、それぞれ独立して所帯を持つ。妻が親の介護で苦労していた様子を見ていただけに、有料老人ホームに入居することで自身の介護にも備えたいと考えた。

だが、同ホームを運営する事業母体は、二〇〇八年秋のリーマン・ショックを契機に本業である不動産の業績が悪化。「いつ倒産してもおかしくない」と囁かれるようになった。入居者も思うように集まらず、土地と建物の所有権を巡って、事業者が入れ替わる事態まで生じている。

「サービス内容は入居時と変わっていない。スタッフもきちんと対応してくれている。人生にリスクは付きもの。大した心配はしていない」

意外なほどの冷静さに、こちらが戸惑うくらいだ。いざという時は子どもに頼れる、という思いもあるのだろう。ただ、誰もが佐藤さんのように思い切れるわけではない。

高額な一時金を払って有料老人ホームに住み替えたものの、経営の悪化でホームの運営が立ち行かなくなるケースは実際に起きている。読売新聞が全国の自治体に調査した結果、二〇〇六年四月から二〇〇九年九月までの三年半の間に、経営難などにより閉鎖、もしくは事業者が替わった有料老人ホームが三百四十二カ所に上ることが明らかとなっている。このうち閉鎖は六十五カ所。

元気なシニア向けの有料老人ホームの一時金平均額は千八百三十八万円（二〇一二年七月現在、タムラプランニング＆オペレーティング調べ）。将来の介護をアテにして入居する例が多いが、要介護になるまでに五〜十年先ということもあり得る。

だが、先行きの経営状態まで見通すことは難しい。佐藤さんのように自宅を売却して一時金の支払いに充てた場合は、事業者の倒産によって行き場がなくなりかねない。払い込んだ一時金がほとんど戻らないケースもある。

特別養護老人ホームなど介護施設が不足しているため、有料老人ホーム市場自体はこの先も成長が見込める。そのため水面下では経営難で手放したいと考えているホームの情報が業界関係者に出回っており、体力のある企業がホームごと買収する例は少なくない。ところが、事業者が替わった結果、「サービス内容が低下した」「月額費用が値上げされた」という声も聞く。

そもそも有料老人ホームのサービスは、入居してみないとわからない点もある。「思うようなサービスが受けられなかった」「他の入居者とそりが合わない」などの理由で、退去せざるを得ない例もある。いざという時に戻れる場所があれば、精神的なゆとりも違うはずだ。その意味でも、自宅の売却は慎重に検討すべきだろう。

住み替え資金を確保する方法には、自宅を売却しないで済む方法もある。リバースモーゲージは、持ち家を担保に銀行から資金を借り、借金は死亡後に自宅を売却して返済する仕組みだ。高齢になると融資を受けにくくなるが、持ち家を活用することで資金化が可能になる。

だが、ここにもリスクがある。銀行は担保物件の評価を定期的に実施しており、仮に土地の評価額が下がった場合には融資限度額も引き下げられ、その時点で返済を求められることになる。場合によっては、亡くなる前に自宅を売却せざるを得ない可能性も起こり得るのだ。

融資可能な年齢にも制限があり、ある銀行では五十五歳～八十歳が対象。これより長生きした場合には、融資が受けられなくなり、それまでの借金も返済しなくてはならない。必ずしも計画どおりにいかないこともあるので、注意が必要だ。

まとまった資金を得ることはできないが、自宅を貸し出して資金を捻出する方法もある。一般社団法人移住・住みかえ支援機構（東京都千代田区）では、五十歳以上のシニアの持ち家を子育て世代などの若者に貸し出し、最長で終身にわたって賃料を保証してくれる「マイホーム借上げ制度」を実施している。何らかの理由で自宅に戻る必要性が生じた場合には、三年ごとの契約の切れ目に中途解約もできる。

賃料は市場相場よりやや低めとなるものの、高齢者住宅に住み替えた場合の月額費用の支払いなどに充てることも可能だ。自宅に家財道具などの荷物を保管することもできるので、使い勝手もよい。借り手が見つからない限り賃料は得られないが、検討してみる価値はありそうだ。

元気なシニアが高齢者住宅に住み替える動機はいろいろだが、冒頭の佐藤さんのように調理を負担に感じたり、体調不良で倒れた時のことを心配したりする例は少なくない。最近は高齢社会を見据え、民間企業がさまざまなシニア向けサービスを提供しているので、自宅でそれらを活用する手もある。

シニア向けの緊急通報サービスは、通報ボタンを押すとスタッフにつながり、必要に応じて駆け付けてくれる。センサーで人の動きを感知し、一定時間動きがなければ、スタッフが駆け付けるサービスもある。一人暮らしの親の安否を心配する子どもにも役立ちそうだ。

自宅に食事を届ける配食サービス事業にも、介護事業者やコンビニエンスストア業界などが参入している。こうしたシニアの不安を解消するサービスは今後も広がりが期待できる。緊急通報サービスや配食サービスは自治体が低額な料金で実施している場合もあるので、市区町村の高齢者福祉担当窓口か、最寄りの地域包括支援センターに確認するとよいだろう。

介護保険制度がスタートしてから、訪問介護やデイサービスなどの在宅介護事業者は増えた。だが、休日や早朝・夜間に対応できる事業者は少ない。その解決策として期待されるのが、二〇一二年度の介護保険改正で制度化された二十四時間対応の訪問サービスだ。ホームヘルパー（または看護職員）が定期的に自宅を訪問して介護（または看護）を提供するほか、緊急の呼び出しにも応じてくれる。いまのところ事業所数は極めて少ないが、全国に普及させるべく国も力を入れている。老後の備えの一つとして、地域の介護福祉に関心を持ち、その動向にもアンテナを張っておくといいだろう。

医師から「胃ろう」を勧められ、行き場がなくなるケースも

最近は、看取りや死について取り上げるメディアが増えている。それだけ世間の関心が高まっている証拠だろう。死が迫った状態になった時に選択を迫られるのが、人工呼吸器や経管栄養などの命を長らえさせる医療を行うかどうか。中でも口から食べられなくなった時の対応は、家族にとっても悩ましい問題となっている。

「私が夫の命を決めてしまってよいのか」

町田和子さん（仮名、七十二歳）の夫はパーキンソン病を患い、寝たきり状態。介護保険でデイサービスなどを利用し、介護度はもっとも重い要介護5。肺炎をきっかけに入院した先の医師から、腹部に穴を開けてチューブで栄養を補給する「胃

ろう」の造設を勧められている。栄養状態を改善し、体力を回復させるのが目的だと説明された。

「夫の介護で二十年近く苦しんだので、娘と相談して胃ろうはやらない決意をした。病気が治るわけでもない。でも、医師から何度も勧められると正直、迷います」と、苦渋の表情を浮かべる。

近年は、脳血管疾患や認知症などで口から食べられなくなった場合に、胃ろうを造設する例が増えている。正確な統計データはないが、全国には約四十万人以上の胃ろう患者がいるといわれている。その多くが要介護の高齢者だ。飲み込みが困難になると、食べ物が誤って気管に入り、誤嚥《ごえん》性肺炎を起こしやすくなる。その対策として利用する場合もある。

かつては鼻から通したチューブで栄養を補給する「経鼻経管栄養」が一般的だったが、内視鏡を使った簡便な術式の普及などにより、胃ろう造設の手術件数が増加。二〇〇二年には月約四千五百件だったが、二〇〇七年には月約八千八百件と五年で倍になった（厚生労働省の社会医療診療行為別調査より）。医療費削減のため、国が急性期病院での入院期間の短縮化を図ってきたことも背景にある。

ただ、胃ろうを造設した後に、受け入れてくれる介護施設は見つけにくいのが現状だ。重度者向けの特別養護老人ホーム（特養）でも、「新規の胃ろう患者は受け入れない」と断られるケースが多い。胃ろうは医療行為を伴うため、夜間帯に看護師がいない施設では対応が難しいからだ。頼みとなる介護療養病床も、自公政権時代に廃止の方向性が打ち出されてからベッド数が減少。狭き門となっている。介護付き有料老人ホームは比較的受け入れてもらいやすいが、高額な一時金や月額費用がいる。仕方なく自宅療養せざるを得ない人も出ている。

こうした中、数年前から愛知県や岐阜県などで〝胃ろうアパート〟が登場している。胃ろう患者専用の賃貸住宅だ。その一つを訪ねたが、アパートとは名ばかりの病院のような雰囲気。ドアが開け放たれた個室の中には、口を半開き状態にした要介護者がベッドに横たわる。意思の疎通は難しく、ぼんやりと天井を見つめる虚ろな表情が印象的だった。

「食事の提供はありません。状態が悪化しても、延命治療は原則行いません。救急車を呼びたければ、家族に対応してもらうことになります」

アパートを案内してくれた担当者は、こう説明した。訪問介護や訪問看護などは、系列の事業者が対応。医師による訪問診療も、系列のクリニックとの契約が入居の条件だ。それでいて月額費用は、最も重い要介護5でも約十四万円と、有料老人ホームなどに比べれば割安だ。入居に必要な費用は十万円の礼金と数十万円の保証金のみで済む。介護および医療サービスを抱え込むことで、病院のベッドを運営するよりも多額の収入が見込めるからだ。

だが、オムツ交換や入浴サービスなどは提供するものの、ずっと寝かせきり。車いすへの移乗や外出もさせない。しかも病院に入院となればアパートから退去させられ、物件内で発生する事故に責任を問わない旨の承諾書にサインも求められる。家族が介護できない弱みにつけ込んだ、悪質なビジネスといえよう。

「飲み込みが困難になると、肺炎予防のために医師はすぐに胃ろうを造設しようとするが、結局は肺炎で亡くなる例が多い。食べる楽しみを奪われた高齢者のQOL（生活の質）は低下する。本当に胃ろうが必要かどうか検討すべき」と、ある特養の施設長は、胃ろうの必要性について疑問を投げかける。

それを裏づけるデータもある。東北大学病院老年科・助教の小坂陽一医師が、胃ろうなど経管栄養の寝たきり認知症高齢者百六十三人の予後を調査した結果、経管導入前に六カ月以上寝たきりであると予後が悪く、一年以内に九割以上が死亡。肺炎を主とする感染症で亡くなった割合は約八割に上った。栄養剤が食道に逆流することによる誤嚥性肺炎などがきっかけだ。口腔内の細菌が肺に入ることで起こる場合もある。

「肺炎の繰り返しで苦しむ例も多い。患者の苦痛をとり除くためにも、自然な経過に任せるか、胃ろうの中断を検討することも必要」と、小坂医師は説く。

一方で、胃ろうにして数年以上長らえる例もある。東京都内にある特養の施設長は、「平均余命は三年ぐらい。さらに長生きする人もいる」という。医師からも「いつからが終末期なのかの判断は難しい」という声もある。

実際、胃ろうの一時的な利用によって栄養状態が改善され、再び口から食べられるようになる人もいる。そのためには早期に唾液の分泌を促す嚥下体操や、定期的な口腔ケアを実施するなど、造設後の介護の関わり方も鍵になる。

ただ、現状では口から食べられなくなった時、医師から家族へのインフォームド・コンセントに課題があるのも事実だ。胃ろうを拒否した場合に、医師が「餓死させてもいいんですか」と迫り、家族が仕方なく受け入れる例も少なくない。

ある家族は、介護付き有料老人ホームで暮らす母親が肺炎で入院した際、「胃ろうにするか、点滴にするか」と医師から二者択一を迫られた。点滴では介護施設で対応できない。胃ろうであれば受け入れが可能なことを確認して選択したというが、これでは胃ろうを拒否することもできない。本来は、病状の見通しなどを説明して、患者・家族が選択できるようにすべきだろう。患者側も退院後の受け皿を含め、医師に説明を求めていくことが必要になる。

終末期の治療をめぐっては、家族間でも意見が対立しやすい。本人の思いを尊重したくても確認できないので、家族が迷いながら選択していることも少なくない。そうした状況を避けるには、元気なうちに家族と話し合う機会を持つだけでなく、書面に残しておくことも大切だ。それが家族の拠り所になることもある。

終の棲家選びを通して、どう老い、どう最期を締めくくるのかを考える機会にしてみてはどうだろうか。

誰も言わない老人ホーム入居の心得

入居金一千万円以下、月額二十万円以下の老人ホームの実態。ベテラン介護士による現場からの忠告！

松《まつ》田《だ》浩《こう》治《じ》
（介護福祉士）

将来の介護に対する不安を反映してか、昨年有料老人ホームランキングを特集した雑誌の売れ行きが好調だったという。しかし、十三年余り現場で働いてきた私からすると、こういったランキングは「言った者勝ち」としか思えない。雑誌社から送られてきたアンケートに正直に答えているホームもあるが、中には「夜間看護体制」や「人員比率」など重大な事実について実態とかけ離れた大嘘を平気で書くモラルのない施設もある。人員比率とは、簡単に言えば介護者をどれだけ雇っているかという指標で、法律で定める最低基準は要介護者三人につき介護者一人だが、当然介護者が多ければ多いほどサービスは充実する。急にトイレに行きたいなどの生理的欲求をはじめ、買い物をしてほしいといった突発的な要求にも対応しやすい。介護を受ける側からすると最も重要な指標なのだから、きちんと裏付け調査をするべきだが、それに手間暇かけることは不可能に近いし、おそらくやる気もないのだろう。返送されてきたアンケートの回答をそのまま掲載しているだけだ。このようなデータは決して鵜呑みにしてはいけない。

介護施設は終の棲家ではない

ところで、こういった老人ホーム特集には必ず「最終的には自分の目で直接確かめるように」と但し書きがつけられている。自分の目で確かめなければならないなら、そんな雑誌を買う価値はないだろう。しかし、本当に福祉の世界は外部から見ただけでは判りにくい。たとえ数日体験宿泊したところで、素人に理解できる範囲は限られている。ほとんどの人は福祉と聞くと「悪いようにしないはずだから任せて安心」だと思っているようだが、先述のアンケート同様、その善良なイメージとは裏腹に顧客に嘘をつくくらい平気な職員たちもいるのだ。

例えば「ウチは看取りまで大丈夫です」と老人ホームから言われたとしよう。ほとんどの入居希望者が最期は病院ではなくて老人ホームでと望んでいるので、ホームもその点を強調したがる。しかし、これはあくまでセールストーク。実際老人ホームで最期を迎えられる人はむしろ少ない。私の勤めている施設では看取りを積極的に行っているが、それでも二割ぐらいがせいぜいだ。夜中に突然心肺停止で亡くなっていたというケースを除けば、今も病院で死亡する比率の方が圧倒的に高いのである。まず、死亡原因の三割を占めると言われる脳血管障害や心疾患が施設で起こると、すぐ病院に搬送される。肺炎などで自力で食事ができなくなった時もとりあえず病院へとなる。しかし、このように際立った症状がなかったとしても、病院に送られることがある。

終末期ケアは非常に難しい。末期には必ず点滴や疼痛緩和などの医療行為が伴う。自宅なら家族が痰吸引をすることもできるが、施設だとそれさえもままならないのが現実なのだ。看護師がいれば点滴くらいできるのでは？という疑問が出そうだが、看護師は医師がその場にいないと点滴を行えない。実は常日頃延命治療はしませんと宣言している家族でも、いざ入所者が事切れる時になると、「点滴ぐらいしてください」と変心することがある。点滴したらそれこそ法律違反なので当然ホームは断る。すると相手によっては、「看取りまですると言った」「言わない」のトラブルになるわけだ。揉め事を嫌うホーム側はこのような状況を事前に回避したい。だから、充分に看取りの出来る状態にあっても、病院に送ろうとする。終末期の人は病院で死んで欲しいというのが本音なのである。

一方、病院に入院すればしたで、今度は別の苦悩が利用者と家族を襲う。一カ月以上入院していると施設側から退所を迫られることがあるのだ。これは特別養護老人ホームでも介護付有料老人ホームでも起こり得る。寝耳に水のこの宣告に大抵の利用者家族はパニックになる。入院している時にこんな話をするなど無神経にも程があるが、実はそれにはこんな理由がある。

現在の介護保険法では入院すると介護報酬がゼロになる。そのまま部屋を空けて退院を待っていると、その分ホームの収入が減ってしまうので、さっさと退所してもらい次の人を入れたい。もちろん入居の際にはこんな説明は絶対にしないし、公にも絶対認めない。あくまでもホーム側は「利用者さんが大事」だと公言するが、実態はこんなものなのである。

因みにこのように「出て行ってほしい」と言われた時の対処法もお教えしよう。

答えは簡単。「絶対出て行かない。これ以上退所を迫るなら都道府県の福祉課に訴える」と言えばいい。都道府県は施設にとって許認可など、生殺与奪の権限を持っている。そこに訴えられることほど施設が避けたいものはない。もちろん病気などで利用者の状態が悪化して医療行為が必要な状態になるなど、施設では生活が難しい場合もある。しかし、介護保険法ではそれでも利用者の意思に反して退所を強制することは許されていないのだ。

「家族に迷惑をかけたくない」は不可能

施設に入居する人の中には「家族に迷惑をかけたくない」と言う人がいる。だが本当にホームに入ってしまえば、家族に迷惑はかからないのだろうか？

つらい現実を言おう。要介護状態になると家族に迷惑をかけないことなどあり得ない。どこの施設でも必ず身元引受人として家族の関与が求められるし、通院・入院でも家族の協力や承諾が必要になる。その他衣類などの物品の購入や、面会をして入居者を元気づけるなど、その役割は非常に大きい。特に認知症が悪化して、徘徊や暴力、収集癖（他人の部屋に入って物を持って帰る）、被害妄想などの問題行動が起きた場合、病院受診や本人への説得など、家族の関与がどうしても求められるのだ。入居する時は「家族に迷惑をかけたくない」と大見得を切っていても人間身勝手なもので、入居後に「家族に電話をかけてくれ」「家族を呼んでくれ」「家に帰りたい」とあっさり前言を翻す利用者は実に多い。家族関係が悪いからという理由で老人ホームに入ったとしても、それは同じだ。財産を浪費するなど、やりたい放題振る舞って家族に迷惑をかけた挙句、要介護状態になって入居した人がかっていたが、電話連絡すら家族から拒絶されていた。家族に見捨てられた老後は哀れなもの。だからこそ日頃から迷惑をかけられる良好な関係を築いておくべきなのだ。

老人ホームの生活は禁固刑と同じ

老人ホームに入居すれば上げ膳下げ膳で食事の支度や家事をしなくていい、自由に気ままに過ごせると思い込んでいる人は少なくない。だが、それはあまりにも甘すぎる。実際にあった例を出そう。

中尾チエ子さん(仮名)は八十歳。転倒して右足股関節の手術歴があるため、歩行に少し難があるが、元気に一人暮らしをしていた。八十歳になったある日、この先一人では不安だから元気なうちに老人ホームに入るよう子供たちから勧められた。チエ子さんは子供たちの提案に驚いたが、結局それを受け入れ入居することにした。当初彼女はホームでの至れり尽くせりのサービスに感激していた。

しかし、入居して一カ月が過ぎると欲求不満を感じ始めた。似たような境遇の同年代の友人ができると聞かされていたが、半数以上は認知症などでまともに話せない人だった。でもまあ、これくらいは介護施設だから仕方ない。実は他にどうしても我慢できないことがあったのである。毎日が退屈なのだ。介護士たちが誘ってくれる輪投げや童謡を歌うなどのレクリエーションも、チエ子さんには子供がすることにしか見えなかった。

彼女は持て余した無聊《ぶりよう》を部屋の掃除で慰めることにした。ところが掃除を始めた途端、職員が血相を変えて飛んできた。

「危ないじゃないですか。止めてください！　転んで骨でも折られたら困ります」

チエ子さんは右足股関節に人工骨頭を入れていたのでバランスが悪く、転倒する恐れがあった。

「私は一体ここに何しに来たの？　全く何もさせて貰えないじゃない！」

ここにきてチエ子さんは老人ホームでの生活が禁固刑とほとんど変らないことに気がついた。この事件の後、彼女は部屋から必要がない限り出なくなった。やがて入浴もしなくなり、食事量が減り、「生きていても仕方がない」とつぶやくようになった。事態を重く見たホームが心療内科を受診させると、重度のうつ病だという診断が下った。

この後の彼女の運命は読者の想像にお任せしよう。彼女は将来の安心の為に施設に入ったはずだった。しかしその結果、人生における自分の存在価値（生き甲斐）を失ってしまったのだ。生き甲斐のことを心理学で社会的役割と言う。多くの人にとって社会的役割は仕事だが、中には家事をこなすことが社会的役割の人もいる。だからこそ、掃除を禁止されたチエ子さんにとって施設の生活は、文字通り「死んだも同然」だったのだ。何もしなくていい自由は、生きる意味を失うことでもある。老人ホームに入居する前に、ここまで考える人はいったいどれだけいるだろうか。

老人ホームでは利用者を鋳型にはめたがる

福祉関係者には非常に独善的な価値観を持っている人が少なくないということも

知っておいたほうがいいだろう。これも実例を挙げよう。

目が見えない男性が私の職場に入所してきた。彼は髭を生やしていた。老人ホームでは一律に男性の髭は剃るべきだと考える。この男性の髭も当然のように剃ることになった。ところが電気カミソリを顎に当てると、男性が「何すんだ！　止めろ！」と暴れだした。彼は被害妄想の精神疾患を持っていたのだ。一般常識からすると彼の抵抗は非合理に見えるかもしれない。しかし、目が見えない彼にとって、電気カミソリは鋭利な刃物にも似た恐怖の物体だった。本人の人権を尊重するなら髭剃りなど諦めるべきだろう。しかし、評判と面子《メンツ》を大事にする上司は介護士たちにそれでも髭を剃るように命じた。暴れて嫌がる男性を二人がかりで抑え込んで髭を剃るその光景は阿鼻叫喚の地獄絵のよう。とても福祉施設とは思えない。本人が嫌がっているのに、なぜここまでして髭を剃るのか？　この時ほど介護士であることが嫌になったことはない。

この男性のように目が見えないなどの特別な事情がなくても、福祉関係者は利用者を鋳型にはめたがるものだ。例えば食事量は人によって違うのに全て食べさせようとするなど、老人ホームでは入居者の個性など尊重してくれないと思っておいた方がいいだろう。

いかがだろうか。これが入居一時金一千万円以下、月利用料二十万円以下の老人ホームの平均的な姿だ。もちろん同じような料金の施設でも、志を持って一生懸命やっているところもあるが、根本的な問題はどこも共通している。長年、現場を見続けてきた私としては、焦って不便極まりない施設に入るより、できるかぎり長く自宅でがんばることをお勧めしたい。自宅にいてもネグレクト（必要な世話や配慮を怠ること）などの虐待を受けている人とか、三千万円以上の入居一時金を払える裕福な人にしか老人ホームに入るメリットはないように思う。

HOUSE

在宅で安心して死ねる日がやってくる

奥《おく》野《の》修《しゅう》司《じ》（ノンフィクション作家）

病院で八割の人が死ぬ時代。しかし、自宅で最期を迎えられるよう医療・看護体制は少しずつだが整ってきている。それは〝おひとりさま〟の場合も例外ではない。

手元に不思議な写真がある。うっすらと死化粧されたご遺体のうしろで、家族と思われる子供や孫たち、それに医師や看護師がピースサインをしているのである。旅立ちの直後に撮影されたのだろう。

亡くなったのは岐阜県のユキコさん（六十二）である。昨年十月、結腸がんで大学病院に入院したが、すでに肝臓に転移していて衰弱も激しく、やがて水も飲めなくなった。家に帰りたがったが、子供たちは全員働いていて、日中は独居も同然になる。子供たちは母親の気持ちが痛いほどわかったが、容態が急変したときのことを考えると不安だった。このとき、岐阜市内で在宅診療をしている小笠原内科を家族が訪ね、院長の小笠原文雄《ぶんゆう》さんから「独居でも笑って最期を迎えられますよ」と言われ、ようやく母を退院させる決心をする。

ストレッチャーに横たわったまま介護タクシーに乗せられて退院したが、ユキコさんは虫の息で声も出なかった。ところが住み慣れた村の風景が見えてくると、みるみる表情が変わり、地理不案内な運転手にあれこれ指示し始めた。

迎える子供たちは、母親をタクシーから玄関までどうやって運ぶかを相談していた。ところが、母親はタクシーを降りると、子供たちの期待を見事に裏切って、自分の足で歩き始めた。それも、階段を「よいしょ」と言いながら上がってきたのだ。玄関をくぐった途端、母親は微笑むように言った。

「ああ、うれしい。花をいっぱい植えて育てたいわ」

翌日、かわいがっていた孫が修学旅行から帰ってきた。「おばあちゃん！」と鞄を放り投げて駆け寄ると、ユキコさんは全力で起き上がり、孫にしなだれるように頰を寄せた。孫たちと遊ぶユキコさんは上機嫌だった。

この翌日、望んだことは全部叶えられて安堵したのか、眠るように息を引き取った。その表情は、少し口を開け、まるで笑っているように見えたという。ユキコさんには高校生から小学生まで四人の孫がいたが、なんとこの孫たちが、看護師と一緒にエンゼルケア（死後処置）を始めたのである。これには二十二年間在宅診療を続けてきた小笠原さんも驚いた。その後に記念撮影したが、笑顔でピースサインをするのを見て、集まった近所の人たちはひっくり返るほど驚いたという。

「母が亡くなったのは悲しいけど、喜んで自宅で看取られたのですから素晴らしいじゃないですか。母を思い通りに家で世話できて、よくやったね、よかったねという感じがピースサインに出たのだと思う」

こう言う長女から、心置きなく母を看取った達成感のようなものが伝わってきた。

在宅ケアへの誤った先入観

家に帰ると、なぜ人は穏やかな顔になるのだろう。その理由を、小笠原さんは「病院はストレス空間だから」と言った。

「医者も看護師も忙しくてゆっくりと話もできないから心が通わないんです。ストレスが溜まるから痛みも取れない。治療して治るならそれでも辛抱できますが、治らないとわかれば病院は地獄です。家に帰ると顔が穏やかになるのは、ストレスが消えるからなんです」

余命が限られているなら、自宅で最期を迎えたいと願う日本人は、約八割いるという。その一方で、「在宅療養（以下、在宅）」が実現可能と考える人は二割にすぎない。家族の負担や、症状が急変したときの不安を考えるからである。

二〇〇六年、国は在宅診療を推進しようと、医療法を改正して在宅療養支援診療所を新設した。現在、全国で一万二千カ所以上が登録されている。医療費削減のためとはいえ、在宅診療医が認められたのだから、自宅で看取られやすくなったはずである。ところが、〇七年の人口動態調査によれば、自宅で亡くなった人は全死因平均で一二・三％。がんに限れば、わずか六・七％である。なぜ「在宅死」が増えないのだろうか。

その背景に、医師の問題と在宅ケアへの誤った先入観があると言われる。在宅ホスピス協会の川越博美会長によれば「ちゃんとした在宅緩和ケアができなくて、自分で診られなくなると病院に送ってしまう医者が多い」そうだ。つまり、医師のスキルの問題である。もう一つの「誤った先入観」には、おおよそ次のようなものがある。

①在宅診療医は医療技術が低いから、末期がんの痛みは在宅ではとれない。
②容態が急変したら在宅で対処できるか不安だ。
③単身者には無理だ。

なかでも①はもっとも根強い。病院は病気を治す場所だが、自宅は死が避けられない人が最期まで希望を持って生活できるように支える場所である。両者を区別しないから①のような「病院神話」が生まれるのである。

現実を知れば、「在宅」の持つ力は病院よりもはるかにすばらしいことがわかる。その在宅ケアを、私たちはちょっと見方を変えるだけで、誰でも受けることが可能になるのだ。

人間とはこんな穏やかに死ねるものなのか

小笠原さんは「安気《あんき》に元気に最期まで生きる」をモットーに、「在宅で死に逝く人は『安らか』『おおらか』は当たり前、さらに『朗らか』でなければならない」と宣言する。しかし、開業した当時は、往診などまったくするつもりはなかった。

小笠原さんは愛知県一宮市立市民病院の内科医長だったが、過労とストレスで網膜剥離になり、退職して一九八九年に岐阜市内で開業した。「ぼちぼちとやれたらいい」と、診察は月水金だけ。往診は、半径一キロ以内に限って仕方なく引き受けた。あるとき、がんで在宅療養していた患者を看取ったことから、「人間とはこんな穏やかに死ねるものなのか」とカルチャーショックを受けたという。このとき、「在宅」はいいのかもしれないと思ったことが、やがて確信に変わっていく。

ある日、小笠原さんの訪問診療に同行させていただいた。まだ新築の匂いがする家にうかがうと、病人とは思えない女性がにこやかに迎えてくれた。

「今日は体調がいいんですよ」

四十歳の乳がん患者で、昨年八月の検査で骨転移していることがわかり、余命は数カ月と言われた。入院中は「痛くて苦しくて、不安で夜も寝られなかった」という。何度も「うちに帰りたい」と思ったが、夫は働いていて、日中一人になることを考えると言い出せなかった。しかし、すでに治療の方法がなく、病院から小笠原内科を紹介されて退院をすすめられた。妻に代わって夫が小笠原さんを訪ねたが、はなから「在宅」なんて無理だと思っていたせいか、「あんたがおらんでも大丈夫。うちは独居でも看取りをできるんだから安心しなさい」と言われ、逆に「冗談はやめてくれ」と憤慨したという。そこで、とりあえず試験外泊ということで家に帰った。

三日間の外泊が終わって病院に戻ると、彼女を見た病棟の看護師はまるで奇跡を見たように驚いた。いつも不安そうな顔をしていたのに、落ち着いて笑顔で話すだけでなく、痛みもなく薬の量も減っていたのだ。

彼女によれば、「家に帰ると、先生は私の手をずっと握って『心配なんかいらないよ、大事なのはよく笑う事、よく寝る事だよ』とやさしく諭してくれました」という。

小笠原さんは言う。

「痛みがないようにすることが僕らの使命ですから、オピオイド中心の疼痛緩和で痛みをとり、看護師はフットセラピーやハンドセラピー（手や足のマッサージ）を、僕は彼女の手を握って気を送りました。痛みがなければ笑顔になるんです。笑顔になればモルヒネの量も減ります」

「在宅緩和ケア」という場合の「緩和」は、痛みと苦しみを取ることだが、患者が笑顔に変わるかどうかは「ケア」の質によると小笠原さんは言う。

「人と人がかかわることで温かいものが生まれ、生きる希望が湧いてくるのが本当のケアです。それには介護する者が自ら癒されていないといけない。疲れた顔ではだめです。だから病院では、ケアはできないのです」

結局、この患者は入院をやめて在宅に切り替えた。退院当時、一分間に四リットルの酸素吸入をしていたが、いまはそれもやめている。

「在宅なんて無理と思っていましたが、やっぱり家族と一緒にいるというのは幸せですね」

彼女は微笑みながら言う。

一人暮らしの患者でも、小笠原さんは在宅緩和ケアを引き受けている。現在、訪問診療している患者は約百六十名。このうち単身者は二十三名と、かなりの数である。それを聞いて私は、「深夜にたたき起こされて睡眠不足になりませんか」と尋ねた。すると小笠原さんは「深夜に電話を受けないように容態を予測するのが在宅診療医です。そうじゃないと務まりません。うちは月に十回ぐらい出動がありますが、六人の看護師が交代で待機していますので、それほど大変じゃないですよ」と笑った。患者の容態を予測できない〝ヤブ医者〟では、在宅診療医は務まらないのである。

病院とわが家の中間、「有床診療所」

鹿児島中央駅の東側に、西郷隆盛が一時居を構えたことで知られる共研公園がある。その隣に、五階建ての、思わず目を引き寄せられそうなポストモダニズム風の建物がある。「堂園メディカルハウス」である。

ここは待合室からして一風変わっていた。ゆったりとしたソファーに曲線を活かした構造と間接照明。まるでホテルのロビーのようだ。院長の堂園晴彦さんによれば「待ってる時間も治療の時間と考えて、ゆっくり本を読んだりするくつろぎの場にしたかった」という。二階にはレストランや、「孫にラストプレゼントできる」おみやげ売り場、さらになんと、温泉のような家族風呂もある。ここは、望めば入院もできる診療所、つまり有床診療所なのである。

九一年に、堂園さんは大学病院をやめて父の診療所を継いだ。このとき、国立がんセンターに勤務した経験から、当時鹿児島では珍しかった終末期医療に、外来と往診で取り組んだ。あるとき、患者の家族から「何かあったときに、入院するところがあると安心だから施設を作ってほしい」と言われ、全国で初めてホスピスケアを中心とした十九床の有床診療所を建てたのである。

ここには和室の病室もある。畳敷きの横に広縁《ひろえん》があり、窓には障子がはめられていて、ちゃぶ台に座ってお茶を飲んでいると、まるで〝医療付温泉旅館〟にでもいる気分だ。病室というより〝わが家〟の雰囲気である。

「事情があって在宅が無理なら、在宅の雰囲気のある病室を作ろうと思ったんです。病院だと夜は一人ぼっちですが、ここなら家族も泊まっていけます。在宅で調子が悪くなったら入院すればいいし、在宅から入院まで私や同じスタッフが診ますので、患者さんは安心されます」

と堂園さん。「家」にはハードとしてのハウスと、家族としてのホームがあるが、「在宅」というのは、特にソフトの面が満たされることであり、家族が一緒なら、必ずしも自宅である必要はないということなのだろう。

堂園さんの往診は、車にクリニック名を入れず、服装も普段着で目立たないようにして訪問する。この地域では、自分ががんであることを近所に知られたくないという人が約八割もいるからだ。こういう環境も在宅診療をむずかしくしているのかもしれない。

「堂園メディカルハウス」の入院申込書には、《明るく、楽しい入院生活を送りたいと思います》と書かれていて、実際、入院患者の多くは末期がんというのに、実に明るくほのぼのとしていた。一昨年十二月、肺がんが脳に転移して余命は二、三カ月と言われたノブコさん（七十三）もそうだ。母の介護のために戻ってきたという娘さんは言う。

「田舎では、末期がんというだけで話題になりますので自宅に居づらいんです。かといって病院は管理されて嫌で、ここに入院しました。昨年一月は孫の成人式でしたので、それまで生きてくれたらと思っていたのに、もう一年が過ぎました。今、母と父と私の三人が病室で生活していますが、母はここに来てから乙女のように目を輝かせていますよ。ここでは他人に迷惑をかけないかぎり、何やってもいいんです。もちろんお酒もOK。この一年、母は花見も温泉旅行も、大好きな氷川きよしショーにも行きました。毎日温泉に入って、排泄ケアもしていただき、無愛想だった父もやさしくなって、母には天国のようです」

ノブコさんは、すでに自分の葬式を三人で相談しながら決めたそうである。そのための音楽も写真も用意したという。

三階でアロマテラピーを受けていたノブコさんが、病室に戻るのを待ってお会いしたが、末期のがん患者とは思えないつややかな肌をしていた。ベッドの上でうっ

とりと目を閉じ、

「今がいちばん、シアワセ……」

ノブコさんはつぶやいた。

彼女の笑顔は、痛みがないからである。ここでは痛みを訴える人はまずいないという。が、緩和ケア病棟でも痛みを引きずる人が少なくないのはどうしてだろう。

堂園さんは言った。

「緩和ケア病棟はマルメ（包括医療・医療費の定額払い制度）ですから、貼り薬のような高価な鎮痛薬は使いにくいんです。日本は医療用麻薬が欧米の二〜四倍しますから。また、モルヒネ等の管理が煩雑なため、大きな病院ではこまめな微調整がしづらく投与が遅れがちになるんです。あとは治療がメインの医者がもう少し緩和医療を勉強してくれるといいのですが」

堂園さんは、寺山修司にあこがれて天井桟敷に入団したという経歴の持ち主である。ときどきユニークな発想に驚かされることがある。その彼に「有床診療所は採算がとれますか」と尋ねると、こう言った。

「僕には採算という概念がないんです。たしかに診療報酬が少ないから、有床診療所をやろうとする人は少ないけど、一番おもしろいのが有床診療所です。開業するお金がないけどいい医療を提供したい医師のために、有床診療所のチェーンを作りたいですね」

堂園さんは、子供のように目を輝かせていた。

有床診療所は、日本が生み出した世界に誇れるシステムだという。その有床診療所を、国は潰そうとしている。「超高齢多死社会」に突入しようとしている今こそ、日本人の感覚に合った有床診療所をもっと活かすべきではないだろうか。

ボタンひとつで夜中でも

がんの終末期は短いが、心疾患や脳血管疾患などの非がんは長期にわたることがよくある。介護が長期になれば家族が疲れる。最期まで家で過ごしたいと思いつつ、「家族に迷惑をかけたくない」と、やむなく施設に入所する。それでも、やっぱり最期は自宅で過ごしたい。そう願う人を行政で支えようとしているのが東京・世田谷区である。

〇六年度から、介護保険のサービスメニューに「随時訪問」が加わった。月千百五円の基本料金を払うと、「ケアコール」という端末機が貸し出され、コールボタンを押せばいつでも介護事業所のオペレーターと話をすることができる。必要に応じてヘルパーを派遣してもらうことも可能だ。いわば「在宅版ナースコール」である。非常に利用価値の高いシステムだと思うが、現実はほとんど使われていない。その理由は、利用時間が夜十時から朝七時までと限られているからである。これを世田谷区がジャパンケアサービスに委託し、「二十四時間いつでもケア」をと、利用料金の九割を区で負担することにしたのだ。料金は一回の訪問につき二百八十一～八百六十二円。現在、利用者は独居と高齢者夫婦で全体の七割を占めるという。利用者に尋ねると、「何かあったらどうしようと、いつも不安でしたが、呼べばいつでも来ていただけるので、精神的にすごく楽になりました」と言った。実際、安心感で使う人が圧倒的に多い。訪問介護事業所によれば、「昼間は転倒が多く、夜間は排泄やベッドからずり落ちたなどが多い」という。世田谷区には「このサービスがなかったら施設に入るしかなかった」「これなら家族に迷惑をかけなくてすむ」という、住民の期待の声が寄せられているそうだ。

ただ、待機しているヘルパーが二～四人のため、コールが集中する時間帯は一時間以上待たされることもあったり、医療と連携していないからがん末期はむずかしいなどの問題もある。まだ試行錯誤の段階だが、軌道に乗れば、「最期まで在宅療養」を望む人に応えられるだろう。

長期の「在宅ケア」には地域との協力が欠かせないと言われつつ、田舎ならともかく、都会では無理というのが常識だった。これを引っくり返したのが、東京・豊島区で十五年前から訪問診療を続け、『在宅死のすすめ』の著書もある佐藤医院の網野皓之医師である。

まだ介護保険ができる前だった。ある患者の娘から、「介護でお墓参りもできない。お留守番をしてくれる人がいないかねえ」と言われた網野さんが、地域に呼びかけて「おたすけクラブ」が誕生した。年会費千円で一時間の利用料が六百円。破格に安いのは地元のボランティア組織だからである。現在の利用者は二十名で、サポートする側も二十名だという。

要介護度が高くなると、介護保険の範囲内ではきめ細かなサービスはとても期待できない。ときには家計を圧迫することもある。「おたすけクラブ」は、そういう介護保険でカバーできないサービスを補う、いわば互助福祉組織なのである。

「おたすけクラブ」代表の伊東純子さんによれば、「お掃除とか病院への付き添いが多く、家の鍵を預ける人もいる」そうだ。

「ヘルパーだと、病院に付き添ってもらっても、着いたら帰りますが、『おたすけクラブ』は会計を済まして家に戻るまで付き添います。先日、死ぬまでにお墓参りしたいという人に、ハンディキャブを借りて千葉の墓苑まで付き添いました」

網野さんは、佐藤医院と訪問看護ステーション、「おたすけクラブ」の三者が連携することで、十五年間寝たきりの人も在宅でケアをしている。都会でも、「最期まで家で」という価値観を共有できるなら、互いに助け合えるのだということを、網野さんは見事に証明したのだ。

死ぬまで生きられる場所

「在宅」とは、自分の死に際ぐらい自由でありたいと願う人にとって、その思いを実現する手段なのである。ここで紹介した人たちが在宅を選んだのは、自らの「死」を受容したのではなく、死ぬまで生きていることを実感したかったからだと思う。野生動物と同じで、人間も自由で安らぎに満ちた死に場所がいい。住み慣れた自宅は、最期まで「生」を全うできる場所でもあるのだ。

にもかかわらず「在宅死」が少ないのは、さまざまな偏見と先入観にとらわれているからである。言い換えれば、末期がんなら、私たちが終末期についてちょっと見方を変えるだけで、簡単に在宅ケアは叶えられるのである。

現在、百十万人台で推移している日本人の年間死者数は、二〇二五年に百五十二・六万人に急増する。病院や介護施設の数がこのままなら、四一％の約六十三万人（三菱総合研究所推計）が病院以外で最期を迎える。病院や介護施設を増やせばいいじゃないかと思うが、団塊の世代が死に絶えたら腰折れ的に死者数が少なくなって負の遺産になりかねず、おいそれと建てられないのである。私たちは好むと好まざるとにかかわらず、「在宅」を選ばざるを得ない状況に直面している。そうなる前に、まずは「在宅」への先入観を取り払うことから始めたい。

HOUSE

できるだけ長く自宅で暮らすための知恵

長岡美代《ながおかみよ》（介護・医療ジャーナリスト）

「介護が必要になったら、老人ホームへ」
そんな常識を覆す、
あの手・この手。
〝最期まで自宅〟も夢ではない。

私はかつて、一人暮らしの高齢者の孤独死に直面したことがある。

ことの発端は、隣近所からの「おかしい」という声だった。昼間なのに、部屋の電気がつけっぱなし。郵便受けには、約一週間分の新聞がたまっていた。

「そういえば最近、見かけないのよね」

日ごろから、自転車などで外出する姿が近所の目にもとまっていただけに、みな異変に気づいたようだった。

すぐに警察が駆け付けたものの、鍵を壊して他人の家に勝手に侵入することはできない。もしかしたら長期の旅行に出かけているだけなのかもしれない。とにかく親戚の承諾を得る必要があったが、誰もその所在や連絡先を知らなかった。

結局、警察から市への問い合わせで親戚が近くにいることがわかり、その立ち合いのもと家の中を確認。すでに高齢者は亡くなっていた。突然死だったようだ。

この高齢者は老人クラブにも定期的に参加するなど、人付き合いはよいほうだったらしい。後で聞いた話だが、参加する予定の会合に来ていなかったので、仲間からも「おかしい」と思われていたという。

孤独死というと、寂しい老後をイメージしがちだが、この事例のように必ずしもそうではないものもある。ふだんは元気に暮らしていても、いつ何が起こるかわからない。特に一人暮らしともなれば、急病などで倒れた時にどうするかが課題となっている。

そうした不安を解消するために、元気なうちに緊急時対応付きの高齢者住宅に住み替える人もいる。伴侶との死別を機に、離れて暮らす子どもが心配して、近くの有料老人ホームなどに呼び寄せるのはめずらしいことではない。

国も団塊世代の高齢化をにらみ、緊急時対応（安否確認）や生活相談が付いた

「サービス付き高齢者向け住宅」の供給を進めようと、民間事業者に建設費を補助するほどの力の入れようだ。今後十年間で六十万戸を整備する計画がある。

たしかに、こうした高齢者住宅に住み替えるのも選択肢にはなるが、それには相応の費用もかかる。入居時にまとまった一時金がいるだけでなく、月々の費用も一般に十数万円程度（家賃のほか、緊急時対応などの生活支援サービス費や食費込み）は必要だ。誰もが手を出せる金額ではない。

子どもが親を呼び寄せる場合でも、見知らぬ土地で知り合いがいないため、外出する機会が減り、しだいに家に閉じこもってしまう例もある。よくよく考えることが欠かせない。

いざという時、自宅でどれだけのサービスが使えるか

自宅にいても、いざという時に備えることはできる。その一つが、市区町村が独自に実施する「高齢者福祉サービス」の活用。緊急通報サービスを実施しているところは多い。

専用の通報機器を貸し出し（または給付）、利用者が緊急ボタンを押すと専門の

スタッフにつながる。安否を確認したうえで、必要に応じて救急車を手配したり、近くに住む協力員が駆け付けたりするので安心だ。持ち運びができるペンダント式のものや、人の動きをセンサーで感知し、一定時間動きがないと専門スタッフに知らせる装置を取り入れているところもある。しかも、それら費用は無料か、低額で済むところが多い。サービスを利用できる対象世帯に制限はあるものの、こうしたサービスを利用しない手はない。離れて暮らす親の安否が心配な人にとっても、安心材料となるに違いない。

二〇一〇年には高齢者の所在不明問題がクローズアップされたこともあり、地域で高齢者を見守るネットワークづくりに力を入れる市区町村も増えている。

東京都世田谷区では、高齢者世帯を対象に、専門スタッフが定期的に電話をかけて安否を確認するほか、生活での困りごとに二十四時間三百六十五日態勢で電話相談に無料で応じている(「高齢者安心コール」)。

高齢者の三人に一人以上が一人暮らしという豊島区(東京都)では、二〇一一年四月から新たに職員を増員して、電話や訪問による高齢者世帯の実態把握と見守りを強化し始めた。必要に応じて、高齢者福祉サービスや介護保険の利用につなげるのが狙いだ。

「孤立化による孤独死を防ぎたい」と、同区高齢者福祉課長は話す。配食サービスの提供もこれまで週三日が限度だったが、週五日に拡大。弁当を届けるついでに、安否を確認したり、異変があれば連絡してもらったりしているという。

安否確認（見守り）の方法は自治体がいろいろ工夫しているが、なかには災害時などに役立てようと、高齢者世帯の連絡先を登録する制度を設けているところもある。

また、緊急時に適切な医療に結びつけられるよう、かかりつけの医療機関や服用薬などの情報を記載した書面を冷蔵庫などに保管する「救急医療情報キット」を配布するところも増えている。

昔は冠婚葬祭などで隣近所が協力し合うことも多かったが、昨今は価値観や生活様式の変化で付き合いは減っている。集合住宅であれば、なおさらだ。高齢者福祉サービスの利用で、いざという時に備えるのも時代のながれともいえる。ただ、自衛策として、長期に外出する際にはひと声かけられるような付き合いがあるのに越したことはないだろう。

早めのバリアフリーは老化を促進させる⁉

歳をとると、階段の上り下りをきついと感じたり、ちょっとした段差につまずいたりすることがある。ヘタをすると骨折して入院し、そのまま寝たきりになる例も。家の中での事故を、あなどってはいけない。

東京消防庁の二〇〇九年調査によると、負傷により救急搬送された高齢者のじつに七割超が転倒によるもの。その発生場所でもっとも多かったのが住まいで、「居室」を筆頭に、「階段」、「廊下・通路」と続く。住み慣れた〝わが家〟が、必ずしも住みやすい場所ではなくなることもあるのだ。

だが、段差をなくして、バリアフリーにすればよいかというと、必ずしもそうではない。

「かえって足の衰えが早まるような気がする」

これは、自立した高齢者を入居対象とする有料老人ホームの施設長からときどき聞く話である。有料老人ホームの多くはバリアフリー化されているが、元気なうちに段差のない生活に慣れてしまうと、注意が行き届かなくなったり、足の筋力低下が早まったりする傾向が見受けられるという。

もちろん確たるデータがあるわけではないが、高齢者の生活を長く見続けているからこそわかることでもある。なかには浴室の出入り口に、あえて十五センチ程度の段差を設け、足を動かす機会をつくっている老舗の老人ホームもあるくらいだ。一考する価値はある。

そもそも人は、足から老いるといわれている。日医総研(東京都文京区)が要介護者の心身機能の経過を二年間(二〇〇〇年〜二〇〇二年)にわたって追跡した調査結果は興味深い。要支援・要介護認定の調査項目を使って、どの生活動作から低下していくのか経過を追ったところ、「立ち上がり」や「起き上がり」、「片足での立位保持」から衰えていくことが明らかとなった。つまり、足腰の筋力の低下によるものだ。

すり足で歩く高齢者を見かけることがあるが、これもその前兆。歩く際に足を引き上げる筋力が衰え、転倒を引き起こしやすくなる。背骨と両足の付け根を結ぶ筋肉である大腰筋《だいようきん》を鍛えるのがよいとされ、介護予防を目的に、踏み台昇降運動を取り入れる自治体もある。

すり足などによる転倒を防ぐには、家の中でつまずきやすい原因となるものをとり除くことも大切だ。床に置いた物につまずいたり、コード類やカーペットの端に足がひっかかって転ぶこともある。日ごろの整理整頓を心がけることも、解決策になる。

リフォームをしなくても、快適に暮らせる方法

リフォームにとりかかる場合でも、「将来、役に立ちそう」といった理由で手すりなどを取り付けるのはやめた方がよい。用を足さなくなった手すりが、いつの間にかタオル掛けになっている例も見かける。手すりで廊下が狭くなり、いざ介護が必要となった時に、車いすが使えない事態にもなりかねない。

もしリフォームをするなら、目的をはっきりさせることが重要だ。それにはまず、生活のどこに不便があるのかを把握すること。例えば、狭くて急な階段の上り下りに不安を感じるなら、階段の脇に手すりを取り付けるほか、足元灯を付けるなどの工夫も検討してみたい。

家の構造や老朽化の度合いなどを考慮に入れたうえで、使う人の心身機能にあわせて改修プランを提案してくれるリフォーム事業者を選択することも必要だ。トイレの手すり一つをとっても、設置場所をまちがえると、まったく役に立たない代物になりかねない。L字型の手すりを逆方向に取り付ける例もあるくらいだ。

手すりの位置などは、使う人の身体機能によっても異なるので、できれば高齢者のリフォームに実績のある事業者を選定するとよい。自治体によっては、理学療法士や作業療法士などの専門家によるアドバイスを実施しているところもあるので、それらを活用するのも手だ。

ちなみにリフォームは介護保険の対象となっており、手すりの取り付けや段差の解消、畳からフローリングへの変更などの改修費が二十万円を限度に支給される。自己負担は限度額内であれば、かかった費用の一割。市区町村の介護保険担当部署への事前申請が必要で、いったん全額を事業者に払い込んだ後に、九割分が払い戻されるしくみ(償還払い)となっている。

この二十万円の枠は、一度に使い切らずに、数回に分けて使うこともできる。また、要支援・要介護度が三段階以上あがった場合には、再び二十万円を限度に利用可能だ。

なかには不当に高い工事費を請求される場合もあるので、必ず複数の事業者から見積もりをとること。面倒でも、最寄りの地域包括支援センターやケアマネジャーなどに相談し、見積もり費用が妥当かどうか聞いてみるとよい。(財)住宅リフォーム・紛争処理支援センターの「住まいるダイヤル」(電話0570-016-10

0）でも、一級建築士による見積もり相談に応じている。

歳をとっても住みよい住環境をつくる方法は、リフォーム以外にもある。段差を解消するために、部屋と部屋の出入り口にミニスロープをあてたり、浴室にすのこを敷いたりするのも一例だ。もし靴を脱いだり履いたりする時に身体のバランスをくずしやすいなら、玄関に小さな椅子を置けば解決できる。リフォームだけが解決策ではない。

福祉用具を上手に活用することで、暮らしやすくなることもある。たとえば、浴室の壁面に手すりを取り付ける代わりに、浴槽用手すり（165ページ写真①）を導入する手もある。簡単に取り付けられるうえ、場所を自在に変えることもできる優れモノだ。浴槽への出入りがむずかしくなったら、専用の入浴台（165ページ写真②）を浴槽の脇に付けると、そこに腰かけて容易に入ることができる。専用の小型いすを浴槽内に入れることで、立ち座りしやすくなる場合もある。大がかりな工事を行わなくても、身体の状態に合わせて、手軽に住環境を改善できる術があるのだ。

しかもここで紹介した福祉用具は介護保険が使え、自己負担は一割で済む。品目によって「購入用」と「レンタル用」に分かれており、直接肌に触れて使う入浴やトイレ用品などは購入用。年間十万円（自己負担は一万円）までが対象となる。都道府県の指定を受けた福祉用具事業者で購入代金の全額をいったん払い、後で市区町村に申請すると、九割分が戻るしくみとなっている。

一方のレンタル用は、介護ベッドや車いすなど十三種類（要介護度によって利用できないものもある）。取り付けに工事を伴わない手すりやスロープも対象となっている。レンタル用は使わなくなったらいつでも返却でき、身体機能の変化に合わせて他のものに取り替えも可能。買えば高価なものでも、介護保険を使うことで安価に利用できるメリットは大きい。たとえば、ある事業者で販売されている浴槽用手すりの料金は一万六千八百円。この一割分である千六百八十円が利用者の自己負担となるわけだ。同じ品目でも、事業者によって料金は異なっている。

ただ、便利な福祉用具も、使い方しだいでは思わぬ事態を引き起こすこともある。

石田一子さん（仮名、七十五歳）の夫は、電動の介護ベッドを利用し始めてから間もなくして、食べ物を飲み込むのがむずかしくなり、食事を受け付けなくなった。身体の状態が悪くなったのかと心配した一子さんは、ホームヘルパーに相談。その結果、介護ベッドの使い方に原因のあることがわかったという。

「背上げ時には、背中に一定の圧力がかかります。そのままにしておくと不快感を

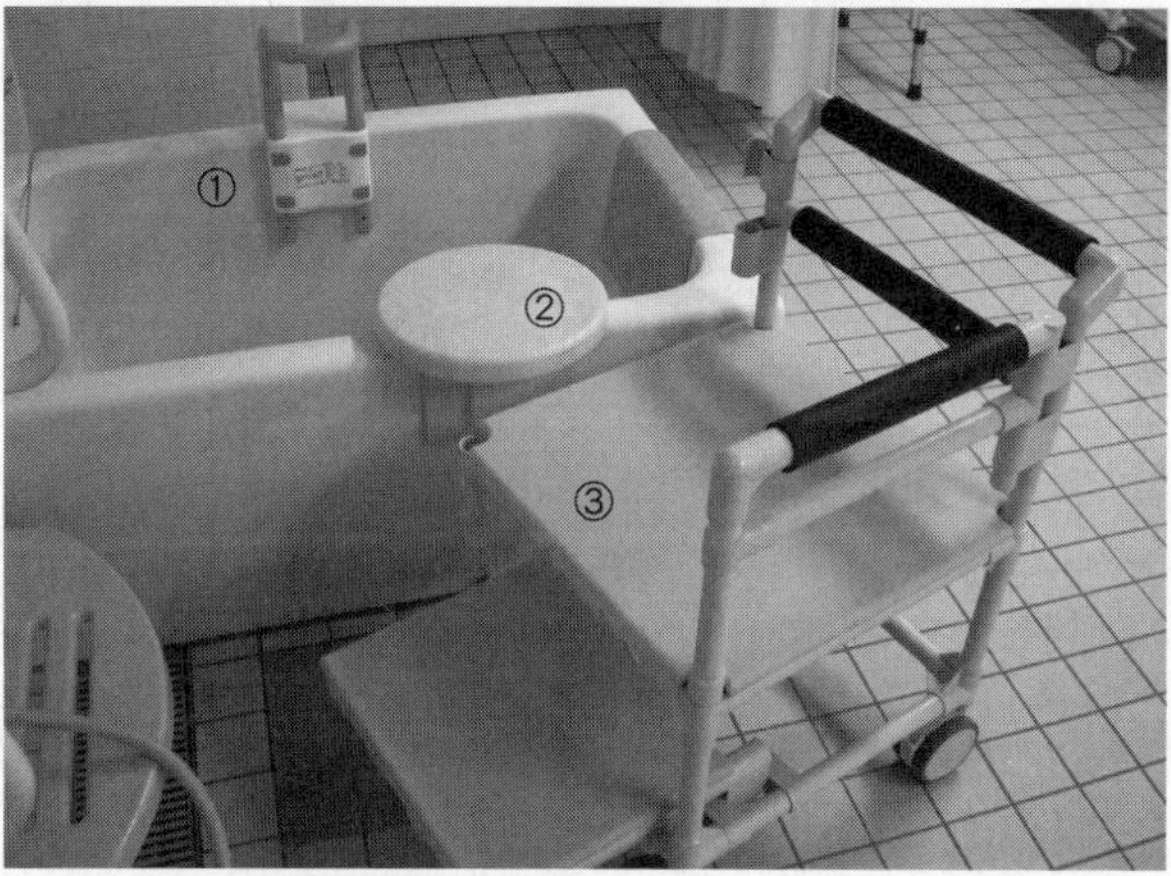

③は、浴室内での移動を楽にするシャワーキャリー。座面と浴槽の高さを合わせることで、浴槽内への出入りがしやすくなる。さまざまな種類があるので、身体の状態に合わせて選びたい。

もたらすだけでなく、飲み込みにも影響を与えることがあるのです」

こう説明してくれたのは、一子さんが相談した「ヘルパーステーション輝」（三重県津市）の管理者である木下加奈江さんだ。

筆者も実際に介護ベッドを使って体験させてもらったが、後ろからグッと背中を押されている感じが続き、気分が悪くなった。水を飲もうとしても、思うように飲み込めない。

「自身で思うように身体を動かせない要介護者には、特に注意が必要です。家族などの介護者が、背中の圧迫感を取り除いてあげなくてはなりません」（木下さん）

やり方はそれほどむずかしくない。背上げ時の角度が四十度前後になったら、背中から腰にかけて介護者がさするような感じで手を入れ、身体をベッドから少し離し、元に戻すだけ。その際、要介護者の身体が倒れないよう、支えることも忘れずに。もし背上げの途中で行うのがむずかしいようなら、ちょうどよい角度に起こした後に行ってもよい。「除圧」といって、背中とベッドの間に空気を入れ、圧迫感を軽減させる方法だ。

一子さんも、木下さんのアドバイスどおりにやってみたところ、たちまち夫の状態が改善し、食事もできるようになったという。もしそのままにしていたら、身体の状態が悪化した可能性もある。いかに使い方が大事であるかを痛感させられる事例だ。

福祉用具は生活の改善につながる便利な道具だが、使い方を誤ると、事故につながる場合もある。福祉用具事業者には専門の相談員がいるので、どの福祉用具が適切か、また、それらをどう使えばよいかを教えてもらうことが欠かせない。逆にそうしたアドバイスができる事業者を選ぶのが、上手に利用するコツともいえる。

「家族が同居しているとサービスが使えない」は風評

一割の自己負担で介護サービスを利用できる介護保険は、老いの暮らしに欠かせない制度。街中でデイサービスの送迎車や、車いすの利用者を見かける機会も増えた。だが、そのしくみの複雑さなどから、誤解されている面も少なくない。サービスを利用できる機会を逃がさぬよう、正しい情報を得ておくことが大切だ。

よくある誤解の一つが、要支援・要介護認定に関すること。介護保険サービスは誰もが利用できるわけではなく、一定の要支援・要介護状態であることが利用条件となっている。原則六十五歳以上の高齢者が対象で、市区町村による訪問調査を受け、「要支援一、二」、または「要介護一～五」のいずれかに認定されなければならない。もし「非該当（自立）」となったら、介護保険サービスは利用できない。要支援・要介護認定は、介護保険を利用するためのいわば〝関門〟となっている。

この認定結果は、市区町村の窓口に申請してから一カ月程度で自宅に郵送されてくる。入院をきっかけに要介護状態になる例は多いが、退院のめどが付いたら、早めに申請しておくことが望ましい。退院後すぐにポータブルトイレなどの福祉用具や、訪問介護が必要となるケースもあるからだ。

だが、認定結果が出るまでサービスが使えないかというと、そうではない。暫定的な要支援・要介護度で、サービスを利用できる〝裏ワザ〟がある。「たぶんこのくらいで認定されるだろう」という予測に基づき、正式な認定が下りる前に介護サービスが利用できるようになっている。要支援・要介護認定は申請時にさかのぼって適用となるため、その間に利用したサービスも介護保険の対象になる。なかにはこのしくみを知らないばかりに、介護保険で安く借りられるはずの福祉用具を高額な費用を払って購入している例もあるので、ぜひ覚えておきたい。ただし、予想していたよりも要支援・要介護度が低かったり、非該当（自立）となったりした場合は、保険が適用されない部分が出る。その分は全額自費となるので注意が必要だ。認定結果が出るまでにサービスを利用したい場合は、忘れずに市区町村か最寄りの地域包括支援センターに相談すること。特に末期がん（四十歳～六十四歳の人も利用可）の場合は、急速に心身の状態が悪化しやすいので、このしくみを知っておくと役立つ。

訪問介護も誤解の多いサービスだ。「家族が同居していると、サービスが使えない」という風評が、その典型例である。

訪問介護サービスは大きく、食事や排泄などを介助する「身体介護」と、掃除や洗濯などを支援する「生活（家事）援助」に分かれる。このうち生活援助は、①利用者が一人暮らし、②家族などに障害や疾病などがある、③その他事情により家事が困難な場合、のいずれかに該当しないと利用できない。

つまり、基本は一人暮らしの高齢者が対象。だが、たとえ家族が同居していても、一定の事情があれば利用できるということでもある。利用者本人や家族の家事能力もさることながら、負担感やそれが与える影響なども加味したうえで、利用できるかどうか判断される。

では、なぜ先のような誤解が生じてしまったのか。その大きな要因は、介護給付費の増大である。

制度開始当初は三・六兆円だった介護保険費用も年々増え続け、いまや八・九兆円。国の財政負担だけでなく、四十歳以上が払う介護保険料の支払い負担もかさむようになってきたため、二〇〇四年から国をあげて介護給付適正化運動を展開し、不正に目を光らせるようになった。生活援助の適用も厳しくチェックされるようになり、過去には介護報酬の返還を迫られる事業者が相次いだ。それまでが甘かった、ともいえる。

生活援助が利用できるかどうかの判断は、まずはケアマネジャーが下す。その内容はケアプラン（介護サービス計画書）に書き込まれ、自治体が実地指導などでチェックする。生活援助が適用できると判断した根拠や納得のいく説明が求められ、認められなかった場合は介護報酬を返還させられる。サービスを提供したにもかかわらず、後で介護報酬を返還させられるのは事業者にとって大きな痛手だ。そのため「生活援助の対象になるかどうか判断に迷う場合は、サービスを提供しないように」といった業務命令を出すところまで一時は現れた。家族と離れて暮らしていても、援助できる距離なら同居とみなすなど、独自のルールを設ける自治体もあった。

その結果、同居家族がいるという理由だけで、個別の事情を勘案されることなく、一律に生活援助を切り捨てられる利用者が続出。厚労省はこれまでに、何度も自治体などに改善を求める文書を出したくらいだ。そして、これら一連の動きがいつの間にやら「家族が同居していると、訪問介護（生活援助）は使えない」といった噂として一人歩きするようになり、誤解につながっていった。私も何度も耳にしたことがあるが、これではせっかく利用できるものも、利用できないことになってしまう。

このほかにも、「ヘルパーは窓ガラスを拭いてくれない」などといった話も時折耳にするが、これも誤解だ。たしかに大掃除や部屋の模様替え、特別な手間をかけて作る料理など、日常の家事範囲を超えるサービスは介護保険の対象とならないが、人の暮らしは、明確に線引きできるものばかりではない。生活援助の適用範囲のように、個々の事情を勘案したうえでサービスの必要性が判断されなければならないこともある。

理想的なケアマネジャーの選びかた

そこで鍵になってくるのが、ケアマネジャーの力量だ。ケアマネジャーはまず、在宅介護に必要な支援《サービス》を提案してケアプランを作成。サービスの利用が始まってからも、定期的に利用者宅を訪問するほか、かかりつけ医や介護サービス事業者と情報交換しながら、提供されているサービスが適切かどうか見極め、利用者や家族の望む生活をサポートする。つまり、ケアマネジャーの能力しだいで在宅生活が変わる、といっても過言ではないのだ。

数年前に父親を看取り、現在は認知症の母親を自宅で介護する篠山勇さん（仮名、六十二歳）は、二人のケアマネジャーと接し、違いを痛感させられたという。

「母親の担当者は、問い合わせにもすぐ対応してくれる。どうしたらよいか不安に思うことも多いが、『いつでも連絡ください』と言ってくれるので安心できる」

こう話す一方で、父親の担当だったケアマネジャーに対しては、「子どもの用事があるからと言って、取り合ってもらえないこともあった」と不満を露わにする。大手事業者だからよいだろうと思って選んだが、これほど担当者によって違いがあるとは知らなかったという。

なかには生活に必要な支援《サービス》を提案できなかったり、所属する事業者のサービスしか勧めなかったりする例もある。ケアマネジャーをどう選ぶかは、生活の質を左右する鍵といえる。篠山さんは地域包括支援センターに相談したそうだが、かかりつけ医や介護者向けの家族会で聞く手もある。真摯で迅速な対応はもちろんのこと、具体的な提案やアドバイスがあるか、仮に希望したサービスが使えない場合でも、納得のいく説明や代替案の提示があるかもチェックしておきたい。もし信頼関係が築けそうにないと感じたら、ケアマネジャーを替える勇気も必要だ。事前に、介護サービス事業者に評判を聞いてみてもよい。利用する側もケアマネジャーに「お任せ」という姿勢ではなく、生活上で困っている点や、要望を伝える努力を怠らないようにしたい。

さまざまなサービスを上手に取り入れれば、老いてもわが家で暮らすことは夢ではない。

HEALTH

糖尿病の最新常識
カロリー制限は大間違い

牧《まき》田《た》善二《ぜんじ》
（医師・AGE牧田クリニック院長）

炭水化物をコントロール――。世界の医学界の常識が、日本でも浸透しつつある。正しい食事療法のポイントとは。

「糖尿病になったら、ご飯よりステーキを食べなさい」

糖尿病専門医である私が患者さんにそう指導していると聞くと、驚く人も多いのではないだろうか。けれども、私のクリニックには、現在、これを実践して成果を上げている患者さんが大勢いる。

糖尿病は、いまや日本の国民病と言ってもいいほどの勢いで増えている。二〇〇七年の国民健康・栄養調査によれば、「糖尿病が強く疑われる人」「糖尿病の可能性が否定できない人」の合計は二千二百十万人と、十年前の一・六倍だ。三十年前は成人の百人に一人程度だったのが、厚生労働省による糖尿病実態調査報告によれば二〇〇二年で六・三人に一人。今後は三人に一人が糖尿病という時代が来るとの予測もある。もはや、誰もが無関心ではいられない病気だ。

糖尿病には、何らかの原因ですい臓機能が弱まり、インスリンの分泌がまったくなってしまう1型、生活習慣などが原因でインスリンの働きが十分でなくなる2型をはじめいくつか種類があるが、ここでは全体の約九五％を占める2型糖尿病について話を進める。

糖尿病で最も恐ろしいのは、深刻な合併症だ。糖尿病にはあまり自覚症状がないが、適切な治療をせずにおくと、あるときドカンと大きなツケがまわってくる。糖尿病神経障害、糖尿病網膜症、糖尿病腎症が三大合併症であり、その結果として失明する人は年間約三千人、腎症が悪化して人工透析が必要になる人は年間約一万六千人と言われる。

私は糖尿病専門医として、深刻な合併症を起こさないことを重視して治療にあたってきた。私が当初から担当した患者さんで、失明、透析に至った人は一人もいない。本来、きちんとケアをすれば、深刻な合併症にはならずに済むはずなのに、なぜ毎年これほど多くの人々が失明や人工透析に至るのか。その原因のひとつとして、誤った治療法、とくにカロリーコントロールによる食事指導があると私は考え、警鐘を鳴らし続けている。

その甲斐もあってか、現在ではずいぶん正しい知識が浸透してきたが、それでもまだ知らずにいる患者さんや医療関係者も多い。カロリーコントロールから、カーボ（炭水化物）コントロールへ。その象徴となるのが、冒頭の言葉、「ご飯よりステーキを食べなさい」なのだ。

血糖値を上げるのは炭水化物だけ

私のクリニックを訪れたAさんは四十代の男性。糖尿病と判明してからはまじめに病院に通い、「血糖値を安定させるために、一日の食事を一六〇〇キロカロリー以内にすること」という医師の指導を忠実に守っていた。脂肪分の多そうな洋食はなるべく避け、和食を中心に、特に腹もちのいいごはんをたっぷり摂る生活を続けたが、一向に血糖値は下がらなかった。私はそんなAさんに「血糖値を上げないためには、炭水化物を摂らないようにすることが大切。脂肪やたんぱく質はいくら摂っても、血糖値には関係がない」という事実を告げたのだ。

ところで、糖尿病の判定には世界の統一基準がある。空腹時血糖値が一二六㎎／dℓ以上、または食後二時間の血糖値が二〇〇㎎／dℓ以上。そこで、私は患者さんに食後の血糖値が二〇〇㎎／dℓを超えないことを目標にしてもらっている。

私の話をにわかには信じられなかったAさんだが、早速、翌日の昼食時にご飯を抜いてみたという。すると、食後の血糖値は一一二㎎／dℓまでしか上がらない。夜はステーキを食べたが、ご飯を食べなかったところ八八㎎／dℓであった。ところがその翌日の昼食にご飯を食べると、食後の血糖値は一気に二八〇㎎／dℓまで上がったという。Aさんはこの結果に大変驚いたが、血糖値が上がる仕組みを考えれば当然のことだ。

なぜ、炭水化物だけが血糖値を上げるのか。通常、私たちが摂取した炭水化物、つまり糖質は体内で消化、分解されてブドウ糖になり、血液とともに体全体に運ばれる。血液中のブドウ糖の量はすい臓から分泌されるインスリンによって調節されているが、糖尿病になるとインスリンの分泌量や効き方が十分でなくなるために、血液中のブドウ糖の量が過剰になってしまう。これが、高血糖の状態だ。ところが、脂質やたんぱく質はブドウ糖にならないため、いくら食べても血糖値に影響することはない。

カロリーを気にして、昼はざるそばを食べることが多かったという患者さんは多いが、五十五歳の男性、Bさんもその一人だった。ところが私の話を聞いて自己測定をしてみたところ、食前には一一五㎎／dℓだった血糖値が、ざるそば一枚を食べた二時間後には二五二㎎／dℓに跳ね上がっていたという。同様にステーキを食べた時は、一一六㎎／dℓから一一三㎎／dℓとわずかながら低下した。「糖尿病にいいと思って肉を我慢してそばを食べていたのに、全く逆の効果だったとは……」とショックを隠せない。

医療現場での食事指導の主流は、いまだにカロリーコントロールだ。けれども、いくらカロリーを減らしても炭水化物を摂れば、その分血糖値は上がる。たとえダイエットの効果で一時的に体調が改善されても、根本的な解決には至らない。

アルコールは血糖値を下げてくれる

かく言う私も、十年ほど前まではカロリーコントロールが正しいと思い込んでいた一人である。忘れもしない、大学教授だった二〇〇一年、アメリカで糖尿病の治療現場を視察し、炭水化物を減らす食事指導が一般的に行われているのを知って大きな衝撃を受けた。すぐに調べてみると、炭水化物の抑制が糖尿病治療に有効だとする、信頼のおける論文が数多くあって、さらに驚いたものだ。

アメリカ糖尿病学会（ADA）の公式ガイドブックには、「炭水化物は摂取後十五分以内に血糖値を上げ、二時間以内に一〇〇%がブドウ糖に変化して吸収される。たんぱく質や脂肪はまったく血糖値を上げない」とはっきり記されている。世界的にも、炭水化物だけが血糖値を上げることは常識になっているのだ。

五十代男性のCさんは、「アルコールのカロリーは一グラムあたり約七キロカロリーと高いので、お酒を飲むときはその分のカロリーを他の食べ物から引くこと」という指導を受けていたため、酒の席ではできるだけつまみを食べずにいた。すると、いつも翌朝の体調が悪い。「やはり酒を飲むと高血糖になり、体に負担がかかるんだ」と信じ込んでいたという。

ところが、これは全く逆である。アルコールには血糖値を下げる作用があるので、食事を減らしたCさんは低血糖状態に陥っていたのだ。前出のADAの公式ガイドブックにも、「お酒は、ブドウ糖に変わり血糖値を上げることはしない。お酒は肝臓からのブドウ糖放出量を減らすため、インスリンや糖尿病の薬を使っている人は低血糖になる危険がある」とはっきり記されている。

ビールや日本酒には糖質が含まれているので摂取後の血糖値はほぼ横ばいになるが、焼酎やウイスキー、ワインなどの場合は低下する。だから、私は患者さんに適度なアルコール摂取を奨励している。控えるべきは、シメのラーメンだろう。

さて、ひとたび糖尿病とわかったら炭水化物を食べてはいけないのかというと、私はそのような指導はしない。ＡＤＡが推奨する食事療法では、一日最低一三〇グラムの糖質が必要とされており、適度に炭水化物を摂ることは重要なのである。そもそも日本の食生活で炭水化物を摂らないのはなかなか難しいし、好物が食べられなくなるのは辛いではないか。

大切なのは、きちんと医師の指導を受けて、炭水化物が血糖値に与える影響を知り、うまく自己コントロールする方法を身につけることだ。そのために、私はまず血糖値の自己測定を習慣にすることをすすめている。測定には採血が必要だが、現在はそれほど痛みがなく簡単に測定できる器械がある。インスリン注射が必要な人以外に保険の適用はないが、誰でも医療機関や薬局で入手が可能だ。

また、血糖値の上昇を抑えるためには、やはり運動がいい。それも、ウォーキング程度で十分に効果がある。

六十歳の男性Dさんは、食後十五分間のウォーキングを習慣にした。自己測定によれば、ご飯を食べて歩かなかった時の血糖値は一七四㎎／dℓだったが、歩くと一一八㎎／dℓにしかならない。パンを食べて、その後歩かなかった時は二一四㎎／dℓだが、歩くと一二一㎎／dℓだったという。このように、十分、二十分ほど歩くだけでも効果があると語る患者さんは多い。ただし、血糖値の上昇は意外に早いので、食後は時間をおかずに運動を始めるほうがいい。夜の外食なら、店ののれんをくぐって外に出たら、すぐに歩きはじめるといいだろう。

新薬の登場で、糖尿病の常識が変わる

早いうちに糖尿病を発見すれば、食事制限と運動で悪化を防ぐこともできる。けれどもすい臓の働きが弱まってしまうと、インスリンの分泌量を増やすために薬を服用する必要が出てくる。さらに病状が進めば、インスリンの自己注射が必要になる。

二〇〇九年末、国内では十年ぶりとなる糖尿病の新薬が発売された。それが、話題のインクレチン関連薬である。

インクレチンはもともと人間の体内にあるホルモンで、個人ごとの血糖値に応じてインスリンの分泌を調整している。新しい薬は、体内でこのインクレチンを活性化させ、血糖値を適正に保つよう働きかけるものだ。従来の薬のように血糖値を下げるものではないため、低血糖状態に陥りにくいのが何より画期的な点だ。

また、すい臓の機能を回復させる作用があるので、軽症であれば糖尿病が治るかもしれないと言われている。そのうえ、自然と食欲が抑えられるので、ダイエット効果もある。欧米ではすでに二〇〇六年から使われていて、現在では八十カ国以上、のべ一千万人の人に処方され、目覚ましい効果を上げている。

飲み薬として「ジャヌビア」、注射薬として「ビクトーザ」の名前で商品化され、最近「バイエッタ」という注射薬も認可が下りたところだ。過去一〜二カ月間の平均血糖値を示すＨｂＡ１ｃ（ヘモグロビンエーワンシー）で言えば、ジャヌビアで一％、ビクトーザで二％程度下げるとされている。私のクリニックでも、ジャヌビアを一カ月服用してＨｂＡ１ｃを八・三％から七・〇％に下げた例や、インスリン注射が不要になった例があり、患者さんたちにはたいへん評判がいい。

ただし、もちろん効果には個人差があり、インスリンの自己分泌量が少なくなってしまった人には、あまり大きな効果は期待できない。また、インスリンの分泌が全くない人には使えない。

実用化までの道のりはまだ遠いが、血液中のブドウ糖を尿から排出する薬も開発中だ。以前では考えられなかった新薬が、次々と生まれようとしている。糖尿病は、現在のところは一度なってしまったら治らない病気だ。けれども、その常識が覆されるる日がいつかやってくるかもしれない。私は、それを願っている。

その食べかた、間違っています

メタボは危険、血液ドロドロなど、さんざん脅された中年期。だが、その常識のままで高齢期になると、そこには思わぬ落とし穴が！

葛《くず》谷《や》雅《まさ》文《ふみ》
（名古屋大学大学院医学系研究科老年内科教授）

高齢者（六十五歳以上）の総人口比率が二一％を超すと超高齢社会と言われる。日本はご存じのように二〇〇七年（平成十九年）にこの基準をクリアし、超高齢社会に突入した。高齢者とは六十五歳以上を指すが、六十代はまだまだ元気であり、医師が関わる疾患も中年と大きく変わるわけではない。しかし、七十五歳の声を聞くと、少しずつ高齢者特有の変化が現われ、健康に関してもいろいろな問題が出はじめてくる。そういった時期に特に注意しなければいけないのが、低栄養（栄養不足）だ。

実は七十五歳以上のいわゆる後期高齢者は低栄養に陥りやすく、その予防が重要なのである。実際に、自立して生活している後期高齢者のうち低栄養と診断されるのは約一〇％程度だが、要介護認定を受けている人では三〇‐四〇％が当てはまると言われており、思ったより高頻度で身近に起こっているのである。

年をとってからのメタボ対策は危険

後期高齢者が低栄養になる要因は多いが、その代表的なものを表1にまとめた。後期高齢者は一人で多くの慢性疾患を抱えていて、これらの病気が原因で栄養障害が起こる場合もある。口腔内の問題は重要で、入れ歯（義歯）が合わないだけでも食事量は落ちる。まして、嚥下障害（ムセやすい）があれば、十分な食事量はまず摂れないと考えた方がよい。

しかし、より深刻なのは、後期高齢者では社会的要因により容易に低栄養に陥ってしまうことである。一人暮らしなどは低栄養になりやすい原因のひとつだ。一人でわざわざ料理をするのも面倒なので適当なものですませる。おまけに一人ぽっち

表1　高齢者が低栄養になってしまう要因

で食事をしても食は進まない。要介護状態にあって適切な介護を受けていない場合には、間違いなく低栄養に陥る。

こういった身体的・社会的要因に加えて近年問題になっているのが、中年期、健康を維持するために得た食生活のスタイルを高齢期になっても実践し続けたために、低栄養に陥るケースだ。中でもメタボリック症候群に関しては、誤解している人が多いので、注意を要する。

メタボリック症候群では肥満、特に腹部（内臓）肥満の危険性が盛んに強調されるが、果たして七十五歳を超えた人に対して同じようにこの考え方を当てはめていいのかどうかは疑問だ。

一般に肥満やヤセは体格指数（body mass index: BMI, 体重（kg）÷身長（㎡））を指標として評価され、理想的な体格はＢＭＩ22kg／㎡と定められている。しかし、高齢者ではこれよりもＢＭＩが高い方が元気で長生きすることが知られている。図1は最近報告された男女別に日本人高齢者（六十五歳から七十九歳まで）を約十一年間観察して、調査開始時のＢＭＩ値（登録時のＢＭＩ値）と生命予後（死亡）との関係を見たものである。相対危険度とはＢＭＩが20・0－22・9kg／㎡にある人たちを一・〇〇とした時、何倍死亡しやすいかを表したものだ。図に示すようにＢ

図1 BMI（体格指数）と死亡危険度の関係

■日本人高齢男性（n=11,230）
■日本人高齢女性（n=15,517）

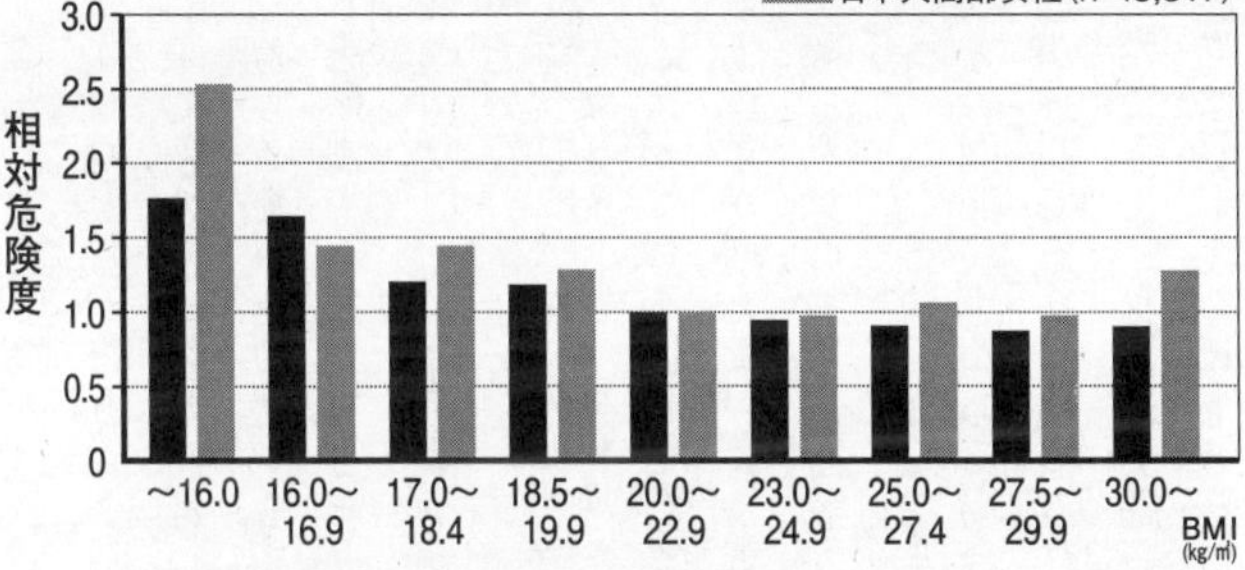

「BMIが20.0-22.9kg/㎡の死亡危険度を1.0とした時の各BMI群の相対リスク（11年間の観察）」
Tamakosi A,et al.,Obesity 18:362-369より改編

ＭＩが30kg／㎡を超すような高度肥満者（しかも女性）では死亡の危険度が高くなるようだが、20・0－22・9kg／㎡以上であっても男性、女性とも死亡率が高いわけではない。

一方、ＢＭＩ値が低いと徐々に相対危険度が高くなり、16・0kg／㎡を切る人は20・0－22・9kg／㎡の人との比較で、男性では一・七八倍、女性では二・五五倍も死亡しやすい。同様な結果はこの報告以外にも多く存在している。このことより、高齢者ではＢＭＩが30kg／㎡を超すような極端なケース以外は、肥満に関してそれほど気にする必要はなく、むしろヤセの方を注意しなければいけないという結論に至る。

ただし、誤解しないでいただきたいのはＢＭＩの値はあくまでも体格の指標であって、この値が低いからと言って必ずしも低栄養とは限らないと

いうことだ。重要なのはＢＭＩの変化、体重の変化である。例えば三カ月で体重が３～４kg以上減ったという時などは要注意だ。

外来で私のところにいらした八十二歳の女性の患者さん（ＢＭＩ27kg／㎡）は自分を高度な肥満と勘違いしていた。

「水を飲んでも太ってしまう。痩せられないので悩んでいる。現在、一日二食にし、野菜を中心とした食事に切り替え、さらには市販のやせ薬を購入して服用している」という。

驚いた私は、「とんでもない、八十歳を超えた方がそんな無理なことを実行したら、かえって体を壊してしまいます。無理な食事制限はせず、三食必ず食べて、これ以上体重が増えないよう気にかける程度にしてください」とお話しした。

実際、私は今まで高齢者が自己流の減量をしてかえって体を壊したケースを多く見てきている。もちろん糖尿病があるとか、脂質異常症、さらには変形性膝関節《しっかんせつ》症《しょう》など骨関節疾患がある場合は別途考える必要があるが、一般には高齢者の減量は注意が必要であり、勧められない。

ただでさえ、食欲は加齢とともに減退してくる。体重も一般的に男性では六十代、女性では七十代をピークとして徐々に減少する。この体重減少にはさまざまな要因があるが、加齢そのものの影響もあると考えられている。そういった時期に痩せるための食事制限をするなど、とんでもない話だ。繰り返しになるが、知らない間に体重が減少してくるようなら、健康障害の注意信号と考えたほうがいい。いずれにしろ、一週間に一度は体重計に乗り、自分の体重をチェックしたいものである。

コレステロールや油ものを摂った方がいい場合も

生活習慣病について講演をした時のこと。八十五歳の女性が私のところにいらっしゃって、

「二十年ほど前に、かかりつけの先生からコレステロールや油ものをなるべく避けるように指導され、それ以降、卵や乳製品を摂らないようにしているんです。もちろん肉は鳥のささみしか食べません」

と誇らしげに話された。六十五歳の時と比較すると15kg以上体重が減ったという。

確かにコレステロールは動脈硬化の危険因子である。特に悪玉コレステロール（LDLコレステロール値）が高いと心筋梗塞などの虚血性心疾患のリスクになる。

そのため血液中の悪玉コレステロールを低下させる目的で食事指導がなされるのが普通だ。一般的に医師は動物性脂肪の摂取をできるだけ避けるように勧める。しかし、これも中年期までの話。コレステロール摂取によって動脈硬化を引き起こす危険度は高齢者では徐々に低下し、後期高齢者ではその影響は少ない。日本人を対象とした最近の研究では、むしろLDLコレステロール値が低すぎると脳出血のリスクになることが報告されている。ちなみにコレステロールが低すぎると癌になりやすいと言われた時期もあったようだが、近年の研究では否定的である。

さて、件《くだん》の八十五歳の女性は六十代の時に医者から言われたことを二十年間忠実に守り続けた。それで健康で長生きできれば結構なことだ。しかし、極端な話をすると、彼女は動脈硬化になる危険から免れたかもしれないが、脳出血のリスクを抱えたと言うこともできる。実に皮肉なことである。

では、油ものについてはどうだろう。

動物性脂肪は確かに血清コレステロール値を上げるが、後期高齢者にとっては効率のよいエネルギー源でもある。炭水化物、タンパク質が4㎉／gのエネルギーとなるのに比べ、脂肪は9㎉／gを産生でき、極めて効率が良い。私は低栄養の後期高齢者にはなるべく料理に油を使うことを奨励しているくらいである。徐々に痩せてくるような人には油も必要なのである。

ただし、虚血性心疾患などを既に罹患している人はこの限りではなく、動物性脂肪の取り方について主治医と相談する必要があることは言うまでもない。

粗食をやめて、肉を食べよう

最後に「粗食が体にいい」という世間的常識についても考えてみよう。

人間の手足の骨格筋は二十代をピークに加齢とともに萎縮していき、筋肉量としては七十歳で二十代の六〇～七〇％程度になると言われている（193ページ・図2）。図3（193ページ）は二十五歳と七十五歳の人の大腿のＭＲＩによる断面図だ。七十五歳の骨格筋量が減少し、脂肪に置き換わっているのが明らかにわかる。タンパクの合成よりも分解のほうが上回ると、骨格筋組織を構成する筋細胞数が減少したり、個々の筋細胞が萎縮したりしてしまう。その結果、筋肉量が徐々に低下し、筋力も低下するというわけだ。この現象をサルコペニア（加齢性筋肉減少症〈減弱症〉）と言う。

サルコペニアがあると高齢者はふらついたり、転倒しやすくなったりする。また、糖尿病の原因となるインスリン抵抗性（インスリンが正常に働かなくなった状態のこと。インスリン抵抗性があると、血糖値が下がらない）とも関係があることがわかっている。

サルコペニアとなる原因については身体活動度の低下、酸化ストレス、ホルモンの変化など諸説あるが、いずれも十分証明されているわけではない。しかし、筋肉タンパクは筋肉へ供給されるアミノ酸からつくられるので、アミノ酸のもとである肉などのタンパク質を十分に摂っているかどうかがポイントになると考えられている。

加齢とともに食事内容は変化し、あっさりしたものに好みが変わりやすい。年をとってから肉より魚を多く食べるようになったという人も多いのではないだろうか。なまじ生活習慣病予防の知識がある高齢者は肉の摂取自体が不健康につながると思いこみ、意識的に避けたりもする。このところの粗食ブームもそれに拍車をかけているようだ。専門家による不必要な食事制限や、誤った食生活の指導も影響があるだろう。

厚生労働省が出している「日本人の食事摂取基準」によると高齢者のタンパク質推定平均必要量は一日あたり0・85g／kg（体重）とされている。例えば60kgの体重の人は51gのタンパク質が一日に必要となる。しかし、実際には高齢者の摂取量は推奨量より二〇－四〇％程度少ないとされる。すなわち、60kgの高齢者では一日につき15g程度タンパク質が足りないことになる。摂取するタンパク質を増やすだけで筋肉量が増加するかどうかは議論があるところだが、減少を予防することはできるだろう。

図2 年をとるにつれて体はこんなに変化する

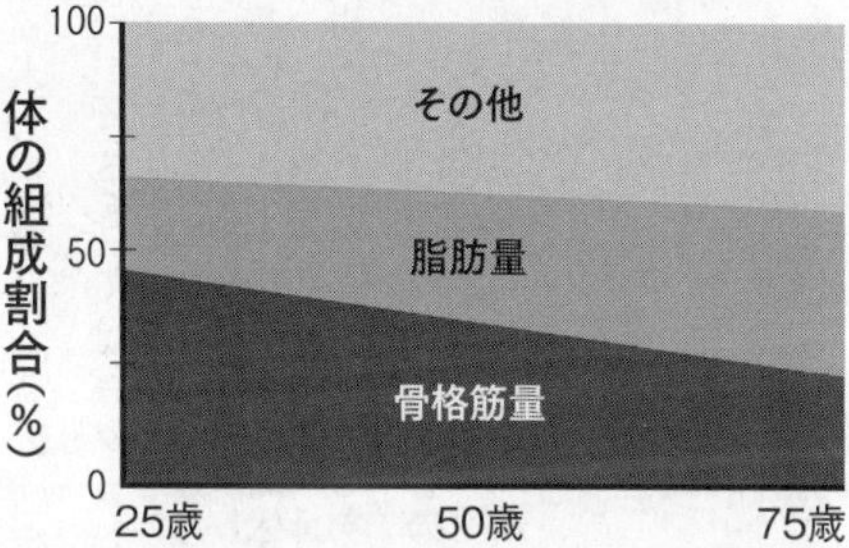

図3 MRIで見ても、これだけ違う

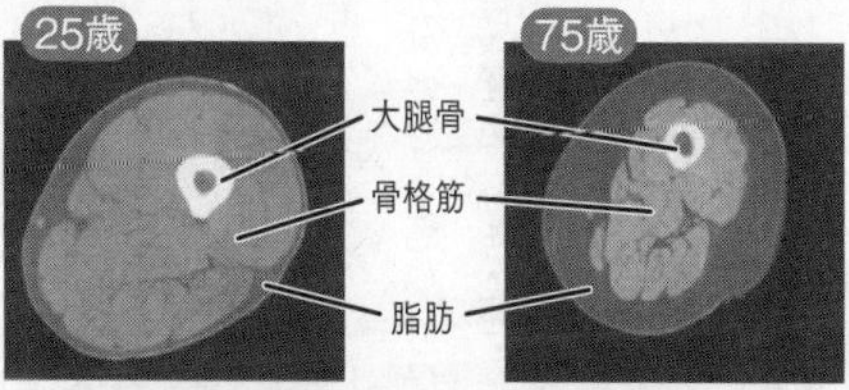

25歳と75歳の大腿のMRIによる断面画像。真ん中の白い円形(中が灰色)は大腿骨で、その周囲の灰色部分が大腿の骨格筋。さらにその外側(やや黒色部分)は脂肪である。明らかに75歳の骨格筋は25歳に比較し減少し、その代わりに脂肪量が増えているのがわかる。

(Roubenoff R.Journal of Gerontology:MEDICAL SCIENCES 2003,Vol.58A,No.11,1012-1017より)

欧米の地域高齢者の観察研究（the Health, Aging, and Body Composition〈Health ABC〉Study）では、タンパク質摂取量が多いほど骨格筋量の低下率が低いことが報告されている。ただでさえ筋肉量が減少しやすい高齢者が現状を維持するには一日あたり0・85g／kg（体重）では不十分で、1・0－1・3g／kg（体重）程度の摂取が必要との指摘もある。

年をとったら野菜中心の淡白なものをと考えがちだが、血の滴るようなステーキとまではいかなくとも、肉を食べる習慣は大事なのである。

HEALTH

男も女も更年期後に ほんとうの危機がやってくる

秋下雅弘《あきしたまさひろ》
（東京大学大学院医学系研究科
加齢医学准教授）

女性ばかりでなく、男性にもある更年期。性ホルモンが減少すると血管障害やうつ病、果ては認知症のリスクまで高くなるという。

なんとなくいつも身体がだるい。眠れない。肩こりがひどく、なかなか疲れがとれない――こんな症状を、多忙や年のせいにしてやり過ごしている中高年男性は、けっこう多いのではないだろうか。たしかに過労や年齢からくる症状の可能性もある。しかし、その症状が長い期間続くようであれば、男性ホルモン低下による更年期障害を疑った方がいいかもしれない。

更年期は長い間、女性特有のものとされてきた。だが近年、男性にも更年期と呼ぶ時期があることが徐々に知られてきている。男性ホルモン「テストステロン」の量が減少していくことで、よく知られているED（勃起障害）だけでなく、メタボや心疾患系の病気のリスクが増すこともあるのだ。さらに私たちの研究では、もっと深刻な症状に至ることがわかってきた。

以前、所属していた大学病院で、物忘れ外来にやってくる男性患者さんの認知機能テストの結果と血液中のホルモン濃度を三年間続けて調べてみたところ、テストステロンが低下している人ほど認知症が進みやすいということがわかったのである。

一般的に男性更年期障害の多くはだいたい四十五歳から六十五歳くらいが中心といわれている。だが、老化とともにテストステロンはその後も減り続ける。ひどい疲れやうつに悩まされた更年期が終わったからといって、安心できないというわけだ。むしろ、本当の危機はそれからやってくるといってもいい。そして、それは更年期を過ぎた女性にもあてはまることなのである。

性ホルモンと身体機能や認知機能の関係について詳しく話をする前に、まずは性ホルモンというものの基本的なことを説明しておいたほうがいいだろう。

性ホルモンには、男性ホルモンと女性ホルモンがある。男性ホルモンは「アンドロゲン」とも呼ばれ、精巣で作られる。前述の「テストステロン」もアンドロゲン

女性にも男性ホルモン、男性にも女性ホルモンが分泌されている

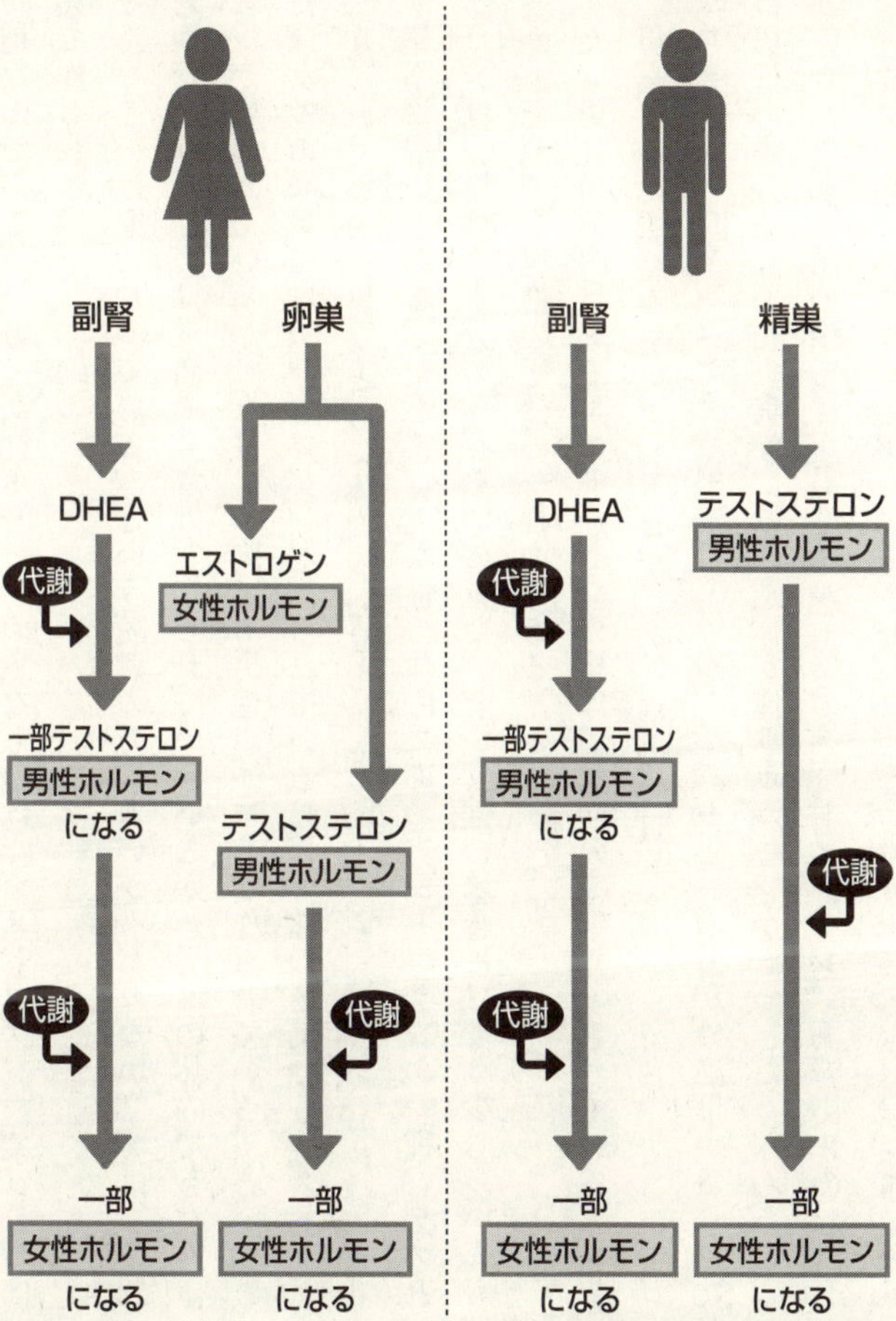

の一種なのである。一方、女性ホルモンの主なものは「エストロゲン」で、これは卵巣で作られる。

そんなことは既に知っている、という読者の方は多いかもしれない。では、これはどうだろう。じつは世間でも意外と知られていないのが、男性の体内でも女性ホルモンが作られているし、女性の体内でも男性ホルモンが作られている、ということだ。女性の卵巣ではアンドロゲンが作られているし、男性の精巣でもエストロゲンが作られている。男女ともに体内で同じホルモンが分泌されているのだ。だが、その比率に違いがある。たとえば、女性の体内にあるアンドロゲンの一種、テストステロンは、男性の十分の一くらいの量だ。若い女性の場合にはもう少し多い人もいるが、それでも男性の三分の一程度である。

また、男性の体内にあるエストロゲンの量は、女性の約半分とされている。さらに、男女ともに副腎からはアンドロゲンの一種のDHEA（デヒドロエピアンドロステロン）というホルモンも分泌されている。これも男性の方が分泌量が多く、女性は男性の半分くらいだ。実際には構造体が違うホルモンがもっとたくさんあるのだが、今回の私の話の中では、男性ホルモンのテストステロン、副腎由来のDHEA、そして女性ホルモンのエストロゲン、この三つが中心になってくるので、その名前を覚えていただければ幸いだ。

とくに、アンチエイジングに関していえば、テストステロンとＤＨＥＡがここ数年、注目されている。アメリカの国立老化研究所が行なっている調査で、長生きした人の身体には三つの共通した傾向があるという結果が出た。その三つとは、①血液中のインスリン濃度が低い②低体温（代謝が低下して活動が抑えられるので余分なエネルギーを使わずにすむ）③ＤＨＥＡの分泌が多い。というもので、この調査以後、ＤＨＥＡと長生きの関係について、興味をもって研究している人がたくさん出てきているのも事実である。

声に張りがなく、話す内容がネガティブな人は要注意

男性のテストステロンは三十代から徐々に減少していく。女性のエストロゲンは四十代前半くらいまではある程度キープされるが、その後は閉経とともに、急激にがくんと下がっていく。がくん、と書くと大げさすぎると思われるかもしれないが、グラフを見れば一目瞭然。閉経後にはゼロではないものの、ごく微量になる。人によっては同年代の男性よりもエストロゲンが少なくなる場合もあるほどだ。一方、

副腎由来のＤＨＥＡのほうは、男女ともに緩やかなカーブを描きながら徐々に減っていく。

では、性ホルモンが減少するとどんなことが起きるのか。

女性の場合は、ホットフラッシュと呼ばれる発汗やほてりが典型的な更年期障害の例としてあげられる。これはエストロゲンが低下したことで、血管の収縮がうまくコントロールできなくなったために起こる症状である。それに対して男性は、女性ほどの急激な発汗が起こったりするケースはあまり多くなく、ホルモンの低下から引き起こされる症状が、女性のようにはっきりとは見えづらいということがある。

長年ホルモンの研究をしている私から見ると、顔を見て話をするだけで、その人のホルモン値が高いか低いか、ある程度のことはわかる。たとえば、この人はテストステロンが低いなと感じる男性には、次のような共通点が見うけられる。目に力がなく、肌の色つやが悪く、物事に対する意欲が低下している印象。声に張りがなく、話す内容もネガティブで、とにかく自信がない……などだが、こういう人は徐々にうつの症状が出始めていると思われる。このような人のテストステロンの数値を計ってみると、やはりかなり低下しているのだ。

うつだけではない。テストステロンが減少するとメタボになりやすいということ

男性ホルモンが少なくなることで起きやすくなる男性の症状と病気

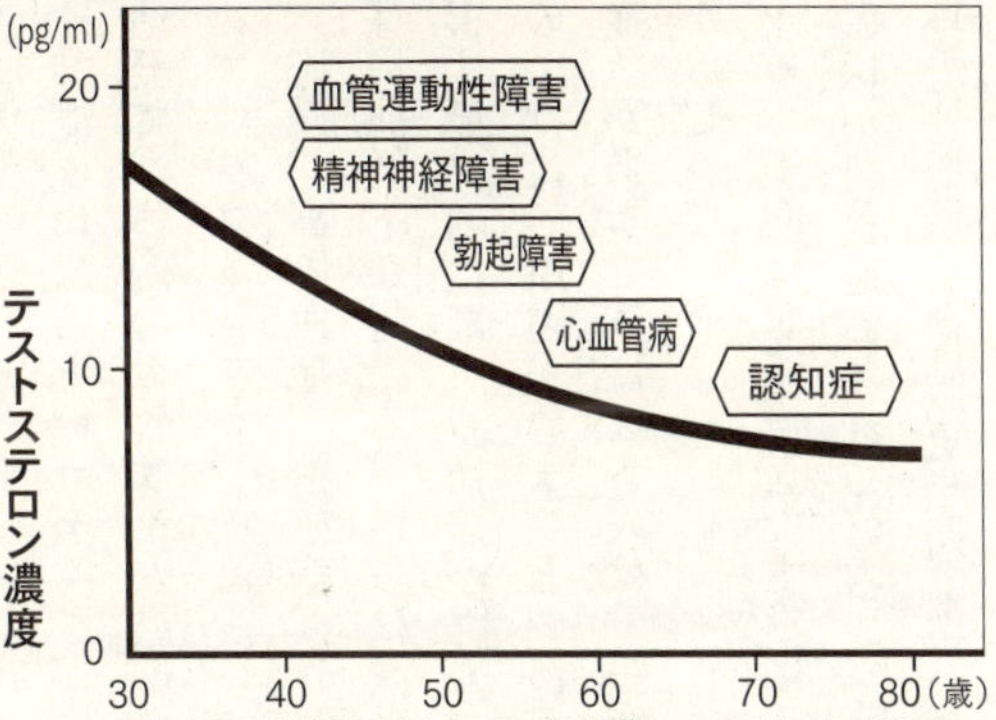

女性の閉経と異なり、発症時期には個人差が大きい

「男性におけるテストステロン(T)濃度の低下と疾患」

女性ホルモンが少なくなることで起きやすくなる女性の症状と病気

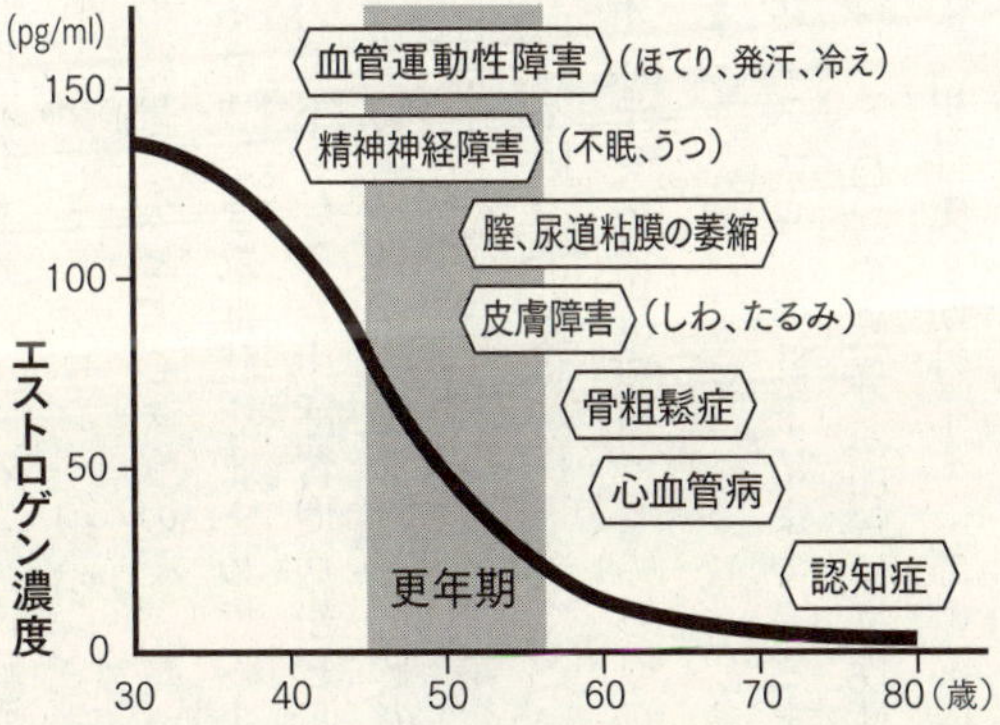

「閉経に伴う血中エストロゲン(E_2)濃度の変化と疾患」(Van Keep, 1973)

も明らかにされている。人工的にテストステロンが体内で作用しない状態に作られたマウスを使った実験では、そのマウスがある程度、年をとってくると、内臓脂肪が増えて肥満になるというデータが出た。つまり、テストステロンが働かないために不活発で、体内のカロリーが燃焼されず、その結果、太ってしまうのだ。

改めて、テストステロンの減少によって起こるさまざまな症状をまとめてみよう。まず、肥満、高脂血症、糖尿病、骨粗鬆症《こつそしょうしょう》、筋力低下といった生活習慣病やEDなどの性機能低下が起こる。さらに減少が進むと、冠動脈疾患、脳血管障害などの臓器障害。最終的には、認知症や寝たきりなどの日常生活障害、という具合である。

先述のように、原因がいまひとつわからないけれど不眠や倦怠感が長く続くという自覚症状があって気になる人は、一度、病院でホルモンの濃度を計ってもらうのもいいかもしれない。

ホルモン濃度は血液検査ですぐにわかる。テストステロンの低下によってさまざまな症状が引き起こされていることが判明すれば、LOH症候群（加齢性男性性腺機能低下症候群、男性版更年期障害のこと）として、男性更年期外来や一部の泌尿器科で男性ホルモン補充治療を受けることができる。実際、メタボということで診察を受けにきた男性のホルモンを計ってみると、テストステロンがとても低いことがわかり、LOH症候群と診断されるということがよくあるのだ。

ひところは男性更年期外来というと、EDのイメージが強くてちょっと行きづらいという人が多かったが、最近は生活習慣病とのつながりも明らかになり、昔に比べると抵抗を感じる人は少なくなってきたようだ。

それでもまだ病院にはなかなか足を運びにくいという人には、手軽に男性更年期障害を自己診断できるチェックリスト（AMS質問票）があるので、まずはそれで調べてみるのもいいだろう。チェック項目は次の十七項目である。

・総合的に調子がよくない
・関節や筋肉の痛み
・ひどい発汗
・睡眠の悩み
・よく眠くなる、しばしば疲れを感じる
・いらいらする
・神経質になった
・不安感

・身体の疲労や行動力の減退
・筋力の低下
・憂鬱な気分
・人生の山は通り過ぎたと感じる
・力つきた、どん底にいると感じる
・ひげの伸びが遅くなった
・性的能力の衰え
・早朝勃起の回数の減少
・性欲の低下

以上のそれぞれの項目について、なし＝一点、軽い＝二点、中等度＝三点、重い＝四点、非常に重い＝五点で計算し、総合点が三十七点以上だと中等度～重度のLOH症候群の可能性がある。この質問票はインターネットでも検索できる。ただし、ここで得られる結果はあくまでも目安なので、正確な診断を希望する人は、やはり専門医を受診するのがいいだろう。

ところで、テストステロンが減少する原因は、加齢だけでなく、ストレスにもあるとされている。脳が強いストレスを感じると、テストステロンの分泌を刺激するホルモンが抑制され、テストステロンが減少するという仕組みだ。

一方、女性のエストロゲンが減少する理由はおもに加齢によるものだ。女性の場合も男性と同じように、エストロゲンの減少によって、発汗やほてりなどの血管運動性障害のほか、不眠やうつなどの精神神経障害、しわ、たるみなどの皮膚障害、骨粗鬆症、さらに膣や尿道粘膜の萎縮、高血圧、心血管系疾患（心臓病や動脈硬化）、肥満など、諸症状が起こってくる。そして、最終的には男性と同じように認知症を発症するリスクも出てくるのである。

手軽にできるホルモン増加法がある

アメリカでは一九九〇年代からアンチエイジングの有望な治療法として、閉経期の女性にエストロゲンを補充するホルモン補充療法（ＨＲＴ）が注目されていた。それが二〇〇〇年代に入ると、ＨＲＴを長期にわたって行なった場合、乳がんや冠動脈疾患、脳卒中、認知症の発生率を上昇させるという研究結果が出て、それまで〝夢の治療薬〟だと思われていた女性ホルモンへの期待は裏切られてしまった。

このことがきっかけで、私は改めてホルモンについて調べ直してみることにした。そこで注目したのが、男性ホルモンのテストステロンだ。それまでテストステロンが治療薬や予防薬として考えられることはほとんどなかったが、もしかしたら何か新しい効果がみつかるかもしれないと考えた。

高齢者は認知機能の低下や筋肉の減少、骨折などによって、要介護状態になってしまうケースが多い。テストステロンはご存知のようにドーピングの対象になる筋肉増強ホルモンなので、筋肉を強くし、骨を強くする働きがある。

そこで、国内の介護施設や病院の協力を得て、のべ九百人の高齢者を対象に男性ホルモンと認知機能や生活動作、さまざまな病気との関係を三年間にわたって調べてみた。そのうち、一部の男性にはテストステロン、女性には同じアンドロゲンの一種でテストステロンより少し弱いＤＨＥＡを飲んでもらうことにした。だが、日本では、テストステロンやＤＨＥＡの内服薬は発売されていない。そこで、海外で使われているものを研究用に輸入。もちろん、高齢者なので、対象者の安全を担保するために、男女とも投与量は通常の半分で行なった。

すると、どうだろう。テストステロンやＤＨＥＡを服用した人たちは認知症の症状が改善する、あるいは進行が遅くなるということがわかったのだ。特にテストステロンを投与した男性グループは、六カ月で全員の認知機能テストの結果が一～二点上がったのである。一～二点で効果があるといえるのかどうか疑問に思われるかもしれないが、これは現在、アルツハイマーの治療薬として使われているアリセプトの効果と同程度。つまり、それなりの効果があったといえるだろう。

認知機能テストは一般的に採用されている長谷川式やMMS検査だが、どちらでも点数が上がったのが遅延再生の項目で、明らかな改善効果が出ていた。遅延再生とは、たとえば〝桜・猫・電車〟という違うカテゴリーの単語を覚えてもらい、別の作業をした後で、再びその単語を思い出してもらうという課題である。

一方、DHEAを投与した女性グループでは認知機能がアップしたことに加えて日常生活の動作にも大きな向上が見られた。女性の高齢者は筋力低下や骨の虚弱化が男性より顕著で運動能力が落ちやすいのだが、ホルモン投与を続けた結果、階段の上り下りが以前よりらくにできるようになった人もいた。

ホルモン投与の代わりに、毎日の運動でもかなりの効果があることがわかった。主に六十歳以上の人にストレッチと軽い筋力運動を毎日三十分、三カ月間続けてもらったところ、テストステロンやDHEAの濃度が上昇し、運動機能と認知機能テストの点数がアップしたのだ。

ホルモン剤を簡単に入手することができないことを考えると、私たちがホルモン低下の予防策として手近にできるのは運動ということになる。毎日の適度な運動は、筋肉を増やすだけでなくカルシウムを骨に沈着させる効果もある。また、運動によっては、脳細胞が活性化することから認知症の予防にもつながる。基本に立ち返って適度な運動をしながら生活習慣を改善していくことが、結局は身体にも脳にも大切な健康法といえるのである。

今後はホルモン増加にいい食事などがあるかどうかも研究してみたいと思っているところだが、現在までに行なった基礎研究では、朝鮮人参の成分にテストステロンのような作用があることがわかっている。その成分は細胞内でNO（一酸化窒素＝血管拡張物質）を作る酵素を活性化させ、血栓を抑える作用があるのだ。

更年期だから仕方ないと放っておくと、その後にさらに大変な試練が訪れるかもしれない。ホルモン値をアップさせて、更年期とその後の危機を明るく乗り越えていきたいものである。

HEALTH

ＥＤは大病の予兆

五十代になると二・五人にひとりが患者といわれるＥＤ。年だからしかたないと放っておいたら、取り返しがつかなくなることも。

丸茂《まるも》 健《けん》
（東京歯科大学市川総合病院泌尿器科教授・日本性機能学会理事長）

五十四歳の佐々木さん（仮名）は、同じ会社に勤務する女性社員と東京の六本木の交差点に近いホテルの一室でワインを注文し、くつろいでいた。その時に持病の肋間《ろっかん》神経痛のような痛みが起こった。いつもより痛みが強く、十五分くらいたつと体の力が思うように入らなくなり、横になっても気分が悪い。

タクシーを呼んで、新宿区内の大学病院の救急外来にたどり着いた。心電図、胸部レントゲン検査、血液検査の結果、心筋梗塞が疑われるため、すぐに入院するように言われる。それまでは週に二回はスカッシュで汗を流していたほどで、体力には自信があった。妻との夫婦生活は月に二回は保っていたが、三年前からセックスの途中で、肝心な場所の硬さを保てず、中折れすることが多くなった。

このような心臓発作について、元東京都監察医務院院長、上野正彦氏は「性行為と心血管事故の発生の関連」の中で、次のように述べている。

冠状動脈硬化など潜在的疾患のある人が、普段と多少異なる環境の変化（飲酒、ホテル、愛人、年齢差大）などで精神的興奮が高まっているところへ、性交という興奮と消耗が一気に負荷されると、潜在的疾患が発症する可能性がある。

また性交死（いわゆる腹上死）は性交中に起こると考えられがちであるが、特に心臓死は行為中の死亡は意外と少なく、行為後数時間を経た就寝中に突然発症する。

高血圧↓動脈硬化↓EDという負のスパイラル

EDは生命を脅かす病気ではないが、患者さんの性生活、生活の質、またときには社会生活にも深刻な影響を与える。

勃起機能は様々な因子によって影響を受ける。例を挙げると、ストレス、うつ病などの心因性要因、加齢に伴って起こるホルモン環境と陰茎の構造の変化、高血圧、糖尿病など種々の病気そのもの、またはこれらの病気の治療に使用される薬剤など。また喫煙、過度のアルコール摂取、片寄った食生活に起因する高脂血症などの生活習慣病も勃起機能に悪影響を与える因子として考えられている。

病院のＥＤ外来で、五十歳以上のＥＤの患者さんを百人診察すると、十九人は高血圧症にかかっている。また、六十歳以上の男性四百六十人にアンケート調査をしたところ、高血圧症の頻度は年齢の上昇とともに増加した。さらに同年代の人たちの比較で、高血圧の人は血圧が正常な人に比べて三倍近い割合で高度なＥＤを自覚していた。病歴を集計すると、ＥＤの背景にある最も多い疾患の一つが高血圧症であることもわかった。

勃起が起きるためには、男性が性的に興奮したときに、陰茎海綿体に十分な血液が流入することが必要である。しかし、高血圧の状態が何年も放置されると、全身をめぐる動脈にストレスがかかり、血管が損傷を受けて動脈硬化が起きる。動脈硬化が起きると血管の内腔が狭くなり、陰茎に十分な血液を送り込むことができなくなる。陰茎海綿体に血液を充満させることができなければ、十分な硬い勃起を維持することはできないというわけだ。

また、生活習慣病のなかでEDの原因としてよく知られている病気に糖尿病がある。そのメカニズムとして糖尿病による末梢神経の障害があげられている。脳で性的刺激が発生し、その刺激が脊髄を通り、末梢神経（自律神経）を伝わって陰茎に到達すると、陰茎海綿体に流入する血液が増加して勃起が起きる。しかし糖尿病によって末梢神経が障害されると、脳で発生した勃起を指令する刺激が十分に陰茎に到達しない。そのために満足な勃起が得られなくなる。糖尿病の患者さんでは、神経障害のみでなく、動脈硬化も合併していることが多く、これもEDの原因となる。いくつかの論文を参照すると、糖尿病患者さんの約三〇％にEDがあると言われている。

原因が明らかでないEDは心臓・血管の病気を疑え

心筋梗塞の予兆のひとつとして、急に胸が痛くなったり背中が痛くなったりした後、数分でおさまることなどを主な症状とする狭心症がある。

狭心症は冠状動脈の血管の壁にコレステロールや白血球などでできたプラークが

たまって、冠状動脈が狭くなり、心臓が必要とするときに心筋への血流が足りなくなって起こる。しかし、心筋梗塞にかかった患者さんのなかで、狭心症を経験した人は、半数もいないと言われている。

一方で、心筋梗塞の予兆としてＥＤがあげられている。米国のデータによると百三十一人の心筋梗塞をもつ患者さんをインタビューしたところ、六四％の人が以前からＥＤを自覚していた。その他、六十歳以上の男性について行った調査では、心筋梗塞にかかったことのある人の五九％がＥＤであったが、心筋梗塞の既往がない人たちのなかでＥＤの割合は三五％であったという。

心臓が血液を送り出すポンプの役目を果たすためには心筋に、また陰茎が勃起を維持するためには陰茎海綿体組織に十分な血液が送られる必要がある。しかし、両者の組織に血液を運搬する血管の太さは同じではない。215ページの図に示したように体内にはさまざまな太さの血管がある。高血圧、血液中のコレステロール値の上昇、または糖尿病などの危険因子をもっている人では、いずれ細い血管にも太い血管にもプラークがたまって内腔が狭くなる。しかし、図の右側で示すように陰茎動脈の五〇％が塞がってＥＤの症状が出たときに、冠状動脈では血管が太いために、同じようにプラークがたまっても狭心症などの症状が出るほどの閉塞は起きない。

プラークが破裂してできた血栓が冠状動脈を突如塞いで心筋梗塞が起きる場合はこのかぎりではないが、心臓の症状は陰茎動脈が塞がったときから数年後、冠状動脈の閉塞がさらに進行したときに起きる可能性がある。

一九九九年と二〇〇四年には、循環器科と泌尿器科の専門家がプリンストン大学において会議を開き、意見の一致が得られたことがらをプリンストン・コンセンサスとして公表した。その報告項目のひとつは、特に原因が明らかでないEDの患者さんを診察したときには、たとえそれまでに心臓病の症状がない場合にも、心臓または血管の病気を念頭において観察するよう提案している。

EDを自覚することで大病を未然に防ぐ

では、ED症状がある人は循環器の専門医を受診すべきなのだろうか。残念ながら、日本においてはそこまで状況が整っているとは到底考えられない。高血圧や喫煙などの心血管疾患の危険因子をもつ人は、まずは自衛手段として会社の産業医またはドックでの健康チェックを受け、そこで循環器の異常が発見されたら専門医に紹介してもらうことを提案する。

ED症状が現われた数年後が危ないという理由

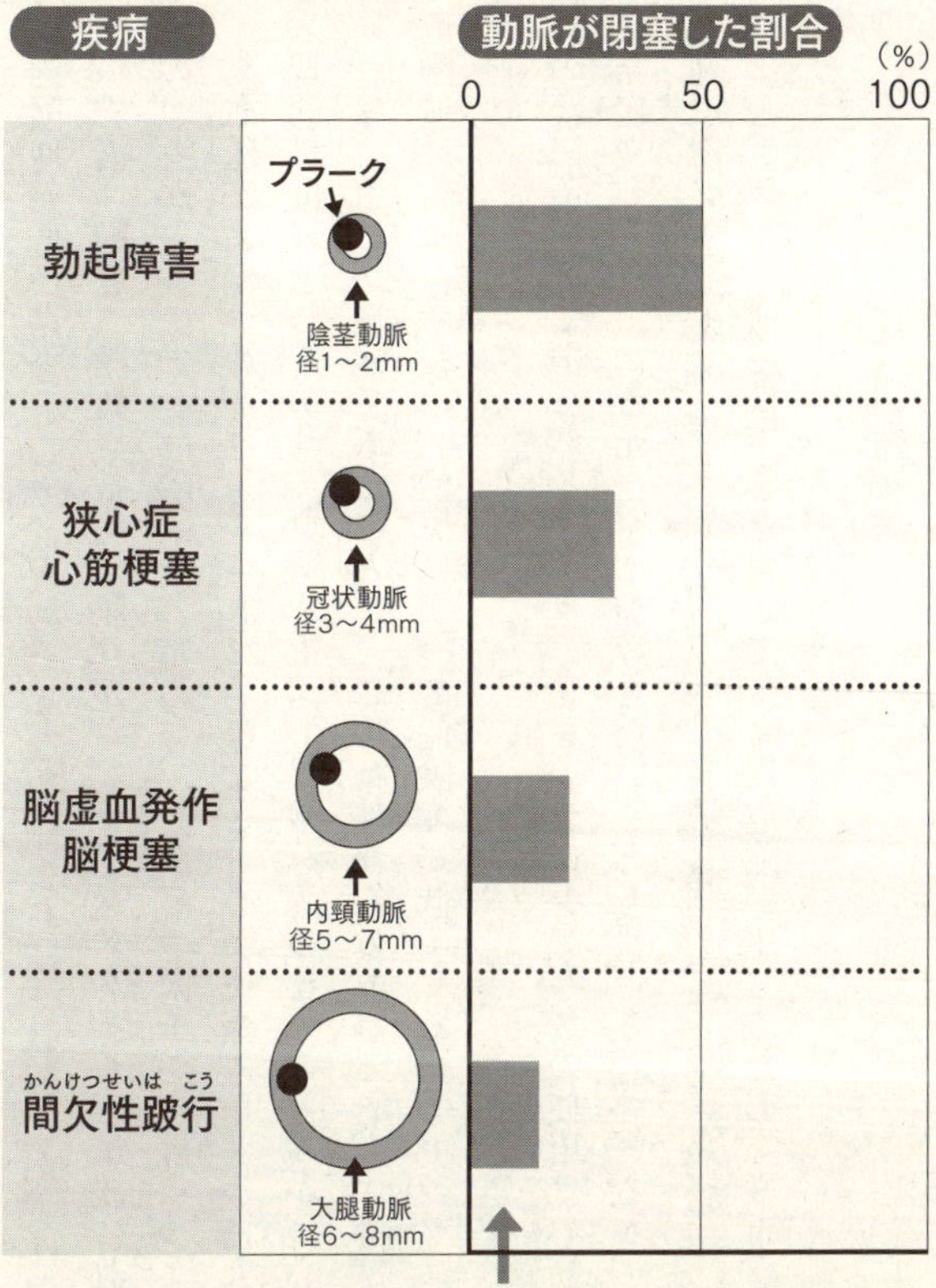

陰茎動脈がプラークにより50%閉塞してEDの症状が発症したとき、より太い冠状動脈では閉塞の割合が低いため、心筋梗塞などの症状は、まだ現われない。

「動脈硬化と病気発症の仮説」Montorsi P, European Urology, 44: 352-354, 2003から改編

参考までに、プリンストン・コンセンサスでは、冠状動脈疾患があってもセックス時に危険度が低い場合として、次のような条件をあげている。まずは、高血圧、糖尿病、肥満、喫煙、脂質異常症、座りがちなライフスタイル、家族に若年性冠動脈疾患の患者がいることを危険因子と定めて、これらの因子が合計二つまでであること。高血圧がよくコントロールされていること。心筋梗塞にかかった人なら発作から六週間以上経過しており、負荷心電図で異常を認めないこと。かつ心臓病をもっていれば、それが軽症であることだ。この条件からはずれると、中等度または高度の危険域に含まれるため、治療によって危険度が低くなるまでセックスは控えるべきだとしている。

ＥＤの経口治療薬であるバイアグラ、レビトラ、シアリスの使用は心筋梗塞、脳梗塞の発症や、それによる死亡を増加させないことも報告されているが、これらの薬をおもに狭心症の患者さんに処方されている硝酸剤（ニトログリセリンの類）と併用すると、著しい血圧低下をきたして生命に危険が生じるため、厳重な注意が必要である。

「年だから」とか「疲れているだけだ」と言ってＥＤを認めたがらない人は結構多

い。しかし、これまで述べたようにＥＤを自覚することで、循環器疾患や糖尿病が発見されることもある。疾患が見つかれば、悪玉コレステロールを減らし、血圧をコントロールするなど、適切な治療によって心筋梗塞、脳梗塞・脳出血などの発症を防ぐことができる。

では、こういった治療によってＥＤ、それ自体は回復するのだろうか。それについては意見の分かれるところだ。禁煙、高血圧と高脂血症の治療、適度な運動が勃起機能を改善したとの研究報告がある反面、これを否定する報告もある。これまでの生活習慣がもとで血管の障害が進み、動脈が受けたダメージを回復するには遅すぎるかもしれないからだ。いずれにしても、証拠が出揃うまで、もう少し時間がかかるだろう。とりあえず今できることは、原因が明らかでないＥＤは放っておかず、専門医に相談することだ。それによって、まずは生命に関わる大病を未然に防ぐことができるのである。

SEX

六十歳からのリアル

小《こ》林《ばやし》照《てる》幸《ゆき》
（ノンフィクション作家）

六十歳以上の約五割が〝現役〟！
十余年にわたって
熟年の恋愛と性を追いかけてきた
大宅賞作家が描くルポルタージュ。

一九九八年、当時三十歳だった私は社会人編入学した信州大学で老人福祉の関連法を学び、介護ボランティアとして特別養護老人ホームに一週間通った。

このとき、私は特養という「終の住処《すみか》」は、「人生最後の出会いの場」でもあると知った。家族と離れ、寂しさも抱く入所者は、異性を意識することで表情が明るくなる。食欲も湧き、リハビリにも前向きになるなど、施設内での行動も積極的になる効能も見聞きした。

好きな異性ができてからオムツを外せた、車イスから立ち上がり、杖で歩けるようになった、といった例もあれば、それぞれ配偶者を失い、介護が必要となり、認知症も呈したことで入所した男性と女性が親しくなり、お互いに満面の笑みで名前を呼び合いながら毎日語り合う例も、現場では珍しくはなかったのである。

そして、夜勤の職員の仮眠の時間帯を見計らった深夜、ベッドを囲む一枚のカーテン、鍵を内側から掛けたトイレや脱衣場、深夜のエレベーターの中など施設内のプライベート化できる空間で、入所者同士が可能な体勢で抱き合い、さらにはセックスも、の話も特養では珍しい話ではなかった。

それだけに、現場における最大の課題は入所者同士のトラブルへの対処、中でも性や恋愛が絡んだ問題が発生したときの折り合いのつけ方の難しさだった。

モノを取った、取られたならば、職員による解決策もある。だが、好きな人を取られて人生最後の恋に破れたというケース、好きな人に先立たれてショックに見舞われた人のケースでは、職員も安易な言葉を掛けられず、解決策も難しい。

とはいえ、私も「年を取ったら枯れる」と思い込んでいただけに、それが迷信に過ぎないと知ったときの衝撃は大きかった。想定外の老後を知り得た私は、二〇一一年五月までの十一年間で『熟年性革命報告』『熟年恋愛講座』『熟年恋愛革命』

(すべて文春新書)の三冊を刊行させて頂き、高齢者の生と性について考える機会を持ってきた。その過程で、読者の方からお手紙やメールも頂き、高齢者の恋愛の実態をかなりの深部まで把握できた。

若い世代に負けず劣らず、インターネットや携帯電話のメール機能も活用して、恋愛や性を楽しみ、イキイキとしている様子――。「いいトシをして」という偏見を退け、「お年寄りは知恵者。有史以来の高齢社会で、老後の生き方の選択肢の一つとして、恋愛や性を〝生きている証し〟として積極的に楽しんでいる」と人生の先輩から学んだ気がした。

二〇一一年の春、「六十歳以上の恋愛と性について」のアンケートを取り、結果分析をさせて頂いた(『週刊文春』二〇一一年五月十九日号)。全国四十七都道府県の男女一千人(男女五百人ずつ)の回答を得た結果、六十歳以上の約五割が性行為を年に何回か行う〝現役〟であり、約三割が月に最低一回は実践している、という実態が明らかになった。

男女別の合計での現役率は男性が六〇・八%、女性が三三・八%である。日本の六十歳以上の男性の六割が現役という数字には「男性は、まだまだ元気なんだな」

とうなずける面もあるが、女性の三分の一以上は想定以上の印象だった。生殖のための性から情緒安定の性、快楽としての性、妊娠の恐れのない性といった新たなステージが確たるものとして築かれていると言ってもいいのだろう。

アンケートの「六十歳以降、どなたと性行為をしましたか」の結果は以下の通りだった。

1　配偶者のみ……516人（男277人　女239人）
2　配偶者以外……100人（男63人　女37人）
3　配偶者と配偶者以外……71人（男58人　女13人）
4　していない……313人（男102人　女211人）

2の「配偶者以外」の回答における男性、女性の内訳は次の通り。男性は、妻と「死別・離婚している」が十七人、「結婚していない」が三人、妻とはしないが外で堪能する不倫の実践者は四十三人。

女性は、夫と「死別・離婚している」が二十二人、「結婚していない」が二人、夫とはしないが、不倫で愉しんでいるのが十三人、である。

「六十歳以上の恋愛と性について」1000人 大アンケートより

Q1 最近、もしくは最後に性行為をした時期と状況を可能な範囲でお書き下さい。

男性現役組

●先日、同窓生と。同じ病院に通院。帰りにホテル（75歳。性交頻度は月に1～2回程度。相手は配偶者と配偶者以外）

●月に1、2回は妻と（74歳。月に1～2回程度。配偶者のみ）

●顔なじみのスーパーのレジ係と夜、道でばったり。話し込んでいる間にその気になって誘った。すると、「お家にどうぞ」の展開になり、相手のマンションに行って2回やった（71歳。月に1～2回程度。配偶者以外）

●週1で妻と頑張っています。今週も済ませました。健康のバロメーターです（70歳。週に1～2回程度。配偶者のみ）

●昨日の夜。妻と（68歳。週に3回以上。配偶者のみ）

●昨年の夏、妻と旅行先の上高地のホテルで半年ぶりに（67歳。半年に1～2回。配偶者のみ）

●出会い系サイト。30歳下とホテルで69（67歳。週に3回以上。配偶者以外）

●先月、吉原のソープランドで。80分コースで2回戦達成！（64歳。週に3回以上。配偶者と配偶者以外）

●64歳の昨日、30歳年下の愛人と上野のラブホテルで夜

女性現役組

●先月、夫と就寝時に（74歳。月に1～2回程度。配偶者のみ）

●もういい加減にやめて、という気持ちです（69歳。月に1～2回程度。配偶者のみ）

●時期：2011年1月 状況：布団を接して別々の布団で寝ているが、私が布団に入るとすぐに夫に抱きついた。なんとなく抱きつきたい気分だったので。大概は嫌がって向こうを向いてしまうが、この日は受け入れてくれた。夫は近年、なぜか、勃起しにくくなっていて性欲も減退しているようだ（69歳。半年に1回程度。配偶者のみ）

●1月末、旦那様が海外に行っているとき。チャットで知り合った6歳下の彼と3日間体を重ねました（66歳。月に1～2回程度。配偶者以外）

●昨年末、飲み会の後。帰るのが面倒になって一緒にホテルに（65歳。2、3カ月に1回程度。配偶者以外）

●2週間前。夫は週に1回、私をマッサージしてくれます。その流れで性行為に及びますが、2週間前、マッサージなしで性行為をしました。『自分だけ楽しんでごめんね』と謝っていました（64歳。月に1～2回程度。配偶者のみ）

者以外）

2回、朝1回（64歳。月に1〜2回程度。配偶者と配偶者以外）

男性引退組

●57歳のとき、配偶者と。その後、前立腺がん手術。勃起不能に（83歳）

●78歳のとき。以前のように長くは続かなかった（80歳）

●60歳が最後だったと思う。自然消滅（76歳）

●56歳で脳梗塞を発症。2カ月入院生活を経験。以来性交渉はない（73歳）

●訳あって53歳でパイプカット。その意味では52歳の時の妻が最後。パイプカット後は妻とゼロでも他の女性とは結構やりました。妊娠の恐れがなく、相手もリラックス（70歳）

●50歳が最後。妻が子宮を取り出して遠ざかり。その後、自分が鬱病となり性欲がなくなった（65歳）

●2007年8月、わたし（独身）59歳、彼女（独身）49歳のときが最後の性行為です。まあ、自慰はいまでも毎日していますが。当時、1年間ぐらいのつきあいで、月1、2回ホテルに行っていました。おたがいに仕事があったので頻繁には会えませんでした。やがて、わたしが自分の故郷に住居を移さなければならない事情ができ、それっきりになってしまいました。もし、いまでも近くに住んでいればホテルで楽しんでいたことでしょう。もしかしたら結婚していたかも（63歳）

●先日、お酒を飲んでいるとき、そんな気分になり、主人に要求しました（63歳。1年に数回程度。配偶者のみ）

●昨年12月中旬、ラスベガスで約半年ぶりにした。旅行先でしかしない（62歳。半年に1回程度。配偶者のみ）

●2歳下の彼と今週初めにドライブの途中、ホテルで（61歳。週に3回以上。配偶者と配偶者以外）

女性引退組

●65歳のとき。現在の家に引っ越した直後。環境が変わり求められた。私自身は、以前から嫌で嫌でしょうがなかった（89歳）

●69歳。離婚後、ネットで知り合った人（74歳）

●65歳になった誕生日に久しぶりにかたちだけの性行為を主人とした（74歳）

●60歳以前は、10日に1度ぐらいは求めてきました。満足するまでには至りませんでしたが、夫は満足していましたので、受け止めてあげていましたが、丁度、私が60歳のときに突然、病死しましたので、それ以来はしていません（73歳）

●私が55歳のとき、定年退職していた主人が暇でつい求めてきたときには腹が立ちました。働きながら親の介護もし、お弁当もつくり、夕食の準備もいくらかして出勤しようとする、それどころではないときに、でした。主人は真剣にではなく、遊び気分でしたが、やるならさっさとやってくれ、という気持ちでした。それで終わりです。悪い妻なのでしょうね（69歳）

不倫も珍しくはない御時世の中、男女合わせて1の「配偶者のみ」というケースが、現役組において（4を除いた中では）、七五％も占めていたのも驚きだった。

定年退職により、男性が家庭回帰、外との接点がなくなり、女房しかいない、という人も多いのだろう。ただし、妻がそれで果たして満足しているか、はデータページ（230ページ）の「あなたの性生活は、どのような意義があるとお考えになりますか」にあるように示唆的だ。

実年齢より十歳若く見られる秘訣

今回のアンケートで、複数のパートナーがいる女性と直に話す機会を得たので、以下に紹介する。

還暦を過ぎ、健康面から、女性としての立場から性行為の本質を指摘した六十一歳のAさんである。離婚して二十年余。一人息子は独立し、現在は一人暮らしだ。

Aさんは性行為の回数を同衾《どうきん》の数字で位置づける。

「現在の性生活は、月に一～二回程度ですね。六十歳を過ぎてからの経験人数は、七人です。年齢差は、マイナス九歳からプラス五歳。出会いは、仕事の同僚、近所の人、大学時代の友人、旧友、国際線の航空機内、海外の滞在先で、といったところ。場所は私の自宅、ホテルが主ですが、海外でのケースは相手の方の御自宅で、でした。国際線の航空機内での出会いは、隣に座っていた方です。帰国後にメール交換後、お会いしました。現在の特定のパートナーは、大学時代の友人と旧友の二人です。一番最近のセックスは、二週間前に自宅で。時々訪ねてくる旧友で、来れば必ずセックスします。離婚後、私が同衾してきたパートナーは、教養はあっても人生の成功者とはいえない男性たちです。失業した、若い頃の夢を今も捨て切れない、未婚、離婚、奥さんに去られたといった背景がある方に私はシンパシーを抱いてきました。私の人生のよき同伴者です」

百六十センチ、五十二キロの普通体型である。

「先日の骨密度の診断は三十六歳でした。見た目は実年齢より十歳は若い、と言われます。それは週に二回のジャズダンスの効果もあるでしょうが、性行為での運動量が大きく寄与していると思いますね。積極的なほうなので（笑）。私にとって性行為は、癒しでもあり、欲求の解消でもあり、愛の確認でもある。でも、最も重要な意義は体型と若さの維持にあります。同年齢、あるいは少し年下の女性で肥満気味の方を見ると、私は『性行為も含めて、運動量が足りないんじゃないの？』と思

「六十歳以上の恋愛と性について」1000人大アンケートより

Q2 配偶者以外のパートナーの年齢差、出会いの方法、逢瀬の場所などをお書き下さい（複数回答可）。

男性

●年齢差は18〜35歳差。何人かいますが、出会いは仕事の関係先（銀行、仕入先、得意先など）で。逢瀬の場所は、出張先のシティホテル、ラブホテル、観光地など(75歳)

●6歳。インターネットにて(75歳)

●21〜28歳差の若い女性3名は仕事上知り合った。同年齢は同窓会で幼馴染(75歳)

●2歳上。社交ダンスのサークル。場所は旅行先、相手宅、ラブホなど(72歳)

●10歳下、病院の待合室で知り合う。3歳下、居酒屋で知り合う(71歳)

●電車内、20〜45歳、相手の自宅、ラブホテル、河川敷、車の中(71歳)

●40歳下。昔からなじみの千葉・栄町の置屋。ホテルで(70歳)

●酒飲み相手で1歳年下(69歳)

●偶然の出会い。10歳下。ホテルで(69歳)

●近所の未亡人。1歳下。彼女の自宅で(67歳)

●1人は8歳上で自宅、1人は5歳下で旅先(67歳)

●28歳の女性、スナックで知り合った。38歳の女性、仕

女性

●離婚してからネットで知り合った友(74歳)

●2歳下。私は独身で私の自宅か、宿泊旅行先で(70歳)

●同い年。シニアサイト。シティホテル(68歳)

●30歳下、10歳下、8歳下。出会い系サイト。いずれもラブホで(67歳)

●年齢差は35歳年下から7歳年上、同年齢。出会いは居酒屋であった大学生に言い寄られて。その他長い間のセックスパートナー、昔からの知り合い、飲み仲間等、逢瀬はホテルが多い(67歳)

●同じマンションの顔見知りの奥さんの御主人。ゴミ捨ての時によく会うので親しくなって。年齢は54歳です。たまに主人とパチンコ店に行くので、その時によく隣り合わせになる47歳の方とも親しくなった(66歳)

●10歳上。趣味の仲間。自宅(66歳)

●チャットで知り合った6歳下の彼。私の住む場所まで迎えに来てくれ、ラブホテルへ(66歳)

●年齢差は4歳上。Yahoo!パートナーで。ラブホテル(65歳)

●年齢差は4歳。インターネットで出会った。ラブホテル(65歳)

事で知り合った。場所はホテルか私の自宅で(66歳)
●同い年。カラオケ同好会。お互いの家で(64歳)
●27歳年下。勤務先であった。その時々の場所(64歳)
●30歳差。ボランティアの会合で。ホテルやモーテルで(63歳)
●一人の年齢差は3歳で21年前女性のアルバイト先で知り合い現在に至っている。逢瀬は相手の都合が良ければ自宅近くまで迎えに行く。もう一人は19歳下で18年前職場で知り合って以来、自宅まで迎えに行きます(63歳)
●21歳年下。出会い系サイト。ラブホ(62歳)
●10〜30歳下。出会いは喫茶店、スーパーでの買い物、携帯電話ショップ、繁華街でのショッピング。逢瀬の場は自宅、ラブホ、キャンピングカー(62歳)
●出会い系サイトに近いもの。7歳差と19歳差。ファッションホテル、シティホテル(62歳)
●趣味の倶楽部と同好会(62歳)
●年齢差はほとんどない。出会いの方法はパチンコやカラオケボックス等である。ラブホを利用している(62歳)
●25歳年下。オートバイの単独ツーリング先の長野県で知り合った(61歳)
●15歳下。ライブハウスで。ホテル(61歳)
●20歳以上年下。地域の活動で知り合った。彼女の自宅か旅行先で(61歳)
●28歳下。取引先の担当者。相手のマンション(60歳)
●30歳年下、出会い系、ホテル。15歳年下、出会い系、ホテル(60歳)

●2歳年上→趣味の友人。旅行先のホテル。2歳下→元勤務先の同僚。ホテルか相手の自宅(65歳)
●高校の同級生。なんとなくセックスの話が出て、快楽のためにラブホテルでするようになった。ここ数年は会うことはあってもセックスはしなくなった。夫は10年以上できない状態(65歳)
●同郷・同年齢の学生時代のボーイフレンド。数年ぶりに相手から食事の誘いがあり、自宅に週1回訪ねてくるようになった(63歳)
●16歳年下の恋人。今年で4年目に。月に一度逢ってる(63歳)
●23歳年下。動物病院の待合室で出会った(63歳)
●出会いはブログ友達。17歳下。ラブホテル(63歳)
●25歳の時(結婚する前)、東京で友達の紹介。3歳上(63歳)
●同年齢。同窓会で再会。そのときに宿泊していたホテルで(62歳)
●友達のご主人と毎日ホテルで(62歳)
●少し年上。国際線の機内で隣り合わせた方。帰国後にお会いして(61歳)
●5歳若い。出会い系サイト。ホテルで(61歳)
●恋人と同居しています。年齢差は8歳上の方です。他の人は6歳下の方でメールで連絡し合っています。1年に2、3度ホテルで会います(61歳)
●10歳年下。以前からの友人の友人。主に大阪・神戸のショッピング街で買物・食事・観劇等(60歳)

ってしまうのです」

幸いにもパートナーに恵まれ、新鮮な気持ちもあったからこそ、若さを保っていると言えよう。セックスでアンチエイジングが成し得られているが、妻として、母として、会社員としての義務から完全に解放されたことで快感も倍加しているに違いない。とはいえ、現在の性生活は、「どちらかといえば満足」になるという。理由は、次の通りだ。

「行為自体には満足なのですが、頻度が少ないのが不満です。また、同年代の男性はforeplay（＝前戯）こそいいですが、勃起力が弱いので寂しい」

Aさんは、死ぬまでとまでは思わないが、体調も考えて愉しめるところまではセックスを楽しみたい、と考えている。

五十六歳から二十年間記録し続けた「回数」のグラフ

性行為は、一定程度の健康を前提とする。足腰のある程度の丈夫さが求められるし、勃起する、膣が濡れるといった性反応は脳や血管がしかるべき役割を果たしていることの証左である。

個人差はあるが、適度な運動によって健康を保ってこそ性行為は果たせるし、その性行為がまた適度な運動になり得る。

前述のAさんのケースはそれを示すが、これまでの私の取材歴で、健康でなければ性行為はできない、愛する人のためにも節制が大切、と教えてくれた男性がいる。七十六歳のBさんだ。二〇〇五年三月に私は初めてお目にかかり、昨二〇一〇年十一月中旬、四年ぶりにBさん、三歳年下の彼女Cさんに再会した。

「枯れた、限界だ、とは思いません。交わりは今後、お互いの体調をみながらですね。このトシになって、慰めの本当の快さを教えられた感があります」

交わりはセックスを、慰めはいわゆるマスターベーションではなく、「彼女に慰めてもらうこと」を各々意味する。

実は、Bさんには『文藝春秋SPECIAL』（二〇〇九年冬号）のアンチエイジング特集号にも御登場を頂いた。約三年の経過でどう変わったか、は前述の「交わりから慰めへ」となるが、それを詳述する前に、Bさんの生と性について改めて振り返ろう。

Bさんは元公務員。夫人は同い年で、大学時代の同級生。卒業前に妊娠が判明し、

「六十歳以上の恋愛と性について」1000人 大アンケートより

Q3 あなたの性生活は、どのような意義があるとお考えになりますか。

男性

●欲求解消になる(83歳)
●夫婦円満につながる(78歳)
●矜持と安心(76歳)
●健康のバロメーターです(76歳)
●老いの坂を転げ落ちようとするのを、少しでも食い止めようとする、そんな効果があると思う(75歳)
●疲れが取れる(75歳)
●心の支え(72歳)
●男たるもの性は切り離せない。夫婦円満の行為であれば良し。ただし、他に求めると家庭は崩壊する(72歳)
●高齢者の感情の安定と身体の欲求のバランスで認知症の予防になれば(71歳)
●週に1回できれば、男として満足なのだが(70歳)
●いらいらの解消(70歳)
●老化防止(70歳)
●どちらかとゆうと、生き甲斐(69歳)
●老いらくの恋が愉しめるのは、人生最高の喜び(69歳)
●男の務め(68歳)
●定年退職後は癒し(68歳)
●若さを取り戻したような嬉しさがある(67歳)

女性

●意義はありません。ずっと嫌でしょうがなかった(89歳)
●夫婦和合の必要条件ではない(78歳)
●夫が満足したら、それで良い。夫中心で満足していた(78歳)
●現在、必要を感じていません(74歳)
●いきがい(72歳)
●情緒安定、欲求解消に効果があった(71歳)
●子孫を残す(70歳)
●夫婦にとって必要だと思う(70歳)
●性生活のない暮らしが好きです(69歳)
●セックスだけが生き甲斐やすべてではないが、自分が男性から求められていることは魅力的である証と思っています。セックスに年は関係ないと思います(67歳)
●人生の愉しみ(66歳)
●情緒安定(66歳)
●夫以外に女性として認めてもらっているようで、精神的に嬉しいです(65歳)
●若い頃は欲求はかなりありましたが、いつも満たされませんでした。更年期をむかえてからまるでつきものが

●女性が好きであるという一点(67歳)
●楽しみのひとつであった(67歳)
●意義はありません(66歳)
●日々の生活が大変で、性生活に気持ちが向かない(65歳)
●女房とでは単なる健康のためさ。若い女とならそれはスポーツさ(64歳)
●そのときの流れ(64歳)
●あまり性生活は考えないようにしている(妻の方があまりしたがらないので)(64歳)
●出来れば、別の人と楽しんでみたいが、交わる事でお互いの愛情表現が確認出来るし、気持ちも和らぐ(63歳)
●お互いの幸福(63歳)
●夫婦での性行為は夫婦間の絆のために必要であり、他の女性との性行為は愉しみや生き甲斐である(62歳)
●妻とは癒しやわくわく感と生き甲斐を感じる。その他は生理的欲求の解消と明日への活力(62歳)
●義務でしかない(62歳)
●性生活はスポーツ(62歳)
●性生活には興味がなくなった。若い時は興味があったが今は料理の方が楽しい(61歳)
●考えたことがない(61歳)
●快楽(61歳)
●生命力の確認(61歳)
●生活の中で充実感を感じる大切な要素（61歳)
●肌が合う、という言葉があるように、以心伝心(60歳)

落ちたみたいにまったくその気がなくなり、むしろイヤになりました。今は自分の趣味に一生懸命で性生活はなくても楽しい(65歳)
●性生活が20年以上ないから、意義などない(65歳)
●嫁姑問題が起こり、それ以後、主人に対して愛情が薄くなったので性生活に至らない(64歳)
●男性に服従させられるようですごく嫌でした。汚いとしか思えない。性行為の後は自己嫌悪に陥ります。生き甲斐や癒しは本を読んだり、動物と遊んだりドライブに行き、自然を見たりして得られます。性行為は心にキズが付くだけ。60歳を過ぎて性生活する方の気持ちもよく理解できない(64歳)
●よく眠れる(64歳)
●意義はない。夫に対するストレスだけ(63歳)
●現在は、ただ面倒だという認識(63歳)
●女性として生きていけるもの(62歳)
●以前は愛情表現と思ったが、今は夫の満足のために体を提供している(62歳)
●常にエクスタシーを得られたので、更年期障害も穏やかに終わった(61歳)
●癒しであり、欲求の解消であり、愛の確認でもある。でも、最も重要な意義は体型と若さの維持にある(61歳)
●安心感を得られるもの(61歳)
●あれば嬉しいかなぐらいの特になくても気にならないもの(61歳)
●無理強いはしないこと(60歳)

そのまま二十三歳で結婚する。夫婦の営みは五十代になっても「月に数回」と円満だった。

Bさんは五十六歳のとき、月別の性交渉と自慰の回数をグラフに書き込み、記録する試みを始めた。定年を控える中で、「妻との性交渉を続けるには健康が条件だ」と気づいたのである。幸い、糖尿病や高血圧、心臓や脳などの病気はなく、退職翌日から、一日一万歩のウォーキングと禁煙を自らに課す、と決めた。グラフは病気、介護を予防し、生涯現役を実現する自分なりの目標となった。

一九九四年に六十歳で定年退職。二人の子供は独立しており、憂いは何もなかった。公約通り、一日一万歩のウォーキングと禁煙を実践する。歩幅は八十センチで一歩、と歩数計には登録した。必然的に夫人と過ごす時間が増える。旅行や買い物に積極的に連れ出し、性交渉も順調だったが、退職の翌々年から、夫人は常に夫が家庭にいる環境が疎ましくなり、不機嫌な態度を取るようにもなった。

一九九六年、Bさんは結婚以来、夫人との性交渉は初めて年間ゼロを記録。一九九七年から三年間の性交渉は年に十回もなく、二〇〇〇年十月、この年、五回目の性交渉を終えた後、「お互い干渉しないで暮らそう」と夫婦間で取り決めた。

「求めても拒まれたのは、人格を否定されたような気持ちでした」と振り返るBさんは、二〇〇一年、二〇〇二年は一回も性交渉することなく過ごす。

　二〇〇二年の暮れ、かつての職場の同僚女性Cさんと数十年ぶりに再会する。彼女は母親が病弱で看護のため、婚期を逸していた。互いの境遇に理解を示し、二人は交際を開始した。

　携帯電話、特にメールが二人の逢い引きを支え、二〇〇三年一月から二〇〇九年の七年間、月に三回前後、ホテルや彼女の自宅で性交渉を持つに至る。

「最初の何回かは挿入できませんでした。何回か会うごとに、彼女の膣も潤い、私もかなり勃起するようになり、そして、遂に〝あっ、入ったよ〟と彼女の歓ぶ声が聞けました。彼女の声が、私を若返らせてくれたのです」

　禁煙を無事に果たし、減酒にも成功。七十歳になってからは月に一度はウォーキングを休み、病院で検診を受ける。彼女も毎月、病院で検診を受けるようになった。そして、お互いに検査シートを見せ合い、情報交換もする。Bさんは塩分控え目、高血圧に気をつけるように、と指示され、Cさんはコレステロール値が低い、と医師から指示された。

「お互いの健康を把握してこそ、いたわりと優しさに満ちた交わりができます」

というBさんの言葉は、若い世代ならば意識できない極意を示していた。一冊にファイルされた検査シートと性のグラフは、Bさんにとって健康状況を把握する総合的資料となる。グラフは、Bさんが八十歳となる二〇一四年まで余白がある。「八十歳まで彼女と交わりたい」と真顔で語るBさんを、私は「不倫だ」と、一方的に批判する意識はない。「互いに干渉しない」という約束が夫婦にある中、Bさんの健康を創出させている彼女の存在を私は否定できないのである。ちなみにBさんは夫人と性交渉はないが、夫人にも毎月、病院での検査を受けさせ、夫婦間でも検査シートを見せ合う。夫人は、七十歳になってから週に二回、社交ダンスを楽しむ。喜々として出掛けている。

七十代を折り返せたのは、まぎれもなく性のおかげ

昨年十一月の面会時の話に戻ろう。

「本年一月（註・二〇一〇年一月）、やや調子の悪かった腎臓の調子が悪化して、食事制限も先生から厳命された。以後、ウォーキングは一日おき、五千歩（約四キロ）にしています。彼女も『あそこが痛みがちに』となりまして。膣潤滑ゼリーは

嫌い、と彼女が言うので、最近の月に一、二度の面会では交わりは避け、慰めに落ち着いた。その慰めが交わりに通じる快さなのです」

なぜ、交わりに通じる快さなのか。

「以前、交わりをするときは、『もし、どちらかが心臓や脳の急性疾患で倒れたら、どうしようか』とよく心配をしました。でも、お互いに開き直り、『これが人生最後の交わりかも』と堪能してきた。本当に倒れていたら厄介な事態も発生しただけに、そんな心配から解放された今は安心感が大きいのです。慰めで倒れることはまずないでしょうし（笑）」

Bさんの言葉に、Cさんはうなずき、顔をやや赤らめて言った。

「七年間、量より質で存分に楽しみましたから、直接の交わりが今はなくても」

夫人に拒まれたまま、彼女とも交わりがないままだったら……仮の話に、Bさんは即答した。

「心身は極度に衰え、死んでいたかもしれません。七十代前半を楽しく過ごせ、七十代を折り返せたのは、まぎれもなく性のおかげ。死ぬまで私は性を大切にしたいですね」

高齢世代で恋愛や性を楽しむ「老いらく」ならぬ「老い楽」――配偶者であれ、

配偶者以外であれ、相手に恵まれるか、という点はあれども、「健康である」「自由に使える金がある」「自由な時間がある」という安定した生活の三要素は不可欠だ。現代の高齢者は、総じて、これらに恵まれた幸せな世代「幸齢者」と言えるであろう。

「無縁社会」が社会問題化し、都会、地方を問わず、孤独死が深刻視されているが、高齢者の恋愛は孤独死を防ぐ可能性も持つ、と私は思う。

互いの住居の行き来はご近所の目を意識するものであるにせよ、何よりも住居の整理整頓を促し、ゴミ屋敷化を防ぐ。携帯電話やパソコンで連絡を取り合うことは安否確認にもなるし、一方に不測の事態が起きたとき、子供や親族と疎遠の者はパートナーこそがSOSを発せられるライフラインの役割も果たす。

六十歳からの二十年、二十五年をどう過ごすかは、恋愛や性をどう健康的に取り入れるか、とも密接に関係しているのではないだろうか——そんなことすら私は今、考えさせられている。

HEALTH

人はどう老いてきたのか

何事も正しい知識さえ持っていれば、不安はなくなる。長寿研究の第一人者が説く「老いの本質」。

柴《しば》田《た》 博《ひろし》
（医学博士・人間総合科学大学大学院教授・桜美林大学名誉教授、招聘教授）

私はもともと成人病の予防を目指す内科医で、中高年の人たちを診察する機会が多かったが、本格的に高齢者と向き合うようになったのは、一九七二年、六年間在籍した大学の医局を離れ、東京都の老人専門病院に移ってからである。当時、東京都養育院付属病院と呼ばれていた七百三床の大きな病院であった。研究員二百名からなる東京都老人総合研究所や、さまざまなタイプの高齢者の入居施設も併設されていたこの機構は、世界に誇る老人問題研究のメッカといわれていた。

当たり前の話だが当初、私はこの病院で病気や障害のある高齢者とばかり接していた。そのため、ふつうに生活している高齢者は少ないという先入観を抱くようになった。しかし、それは私だけのことではなかった。世間的にも「人は、能力も人格も加齢によって坂道を転げ落ちるように劣化していく」と考えられていた時代だったのである。

その先入観を打ち破るキッカケとなったのは、一九七二〜七三年にかけて行われた全国の百歳以上の人々（百寿者）の調査に参加したことである。今でこそ百寿者の数は四万人を超えているが、当時は復帰した沖縄をふくめても、現在の百分の一以下、四百五人しかいなかった。

私たちは医学、社会学、心理学の専門家からなるチームをつくり、一日に二軒ずつ、計百五人を家庭訪問して長寿の秘訣や心のありようについて話を伺った。認知能力、血圧、心電図、血液などの検査もさせていただいた。私はこの調査を通じて、真に天寿をまっとうする高齢者の実際を知ることとなったのである。

たとえば、今でもかなり多くの人が終末期には長い期間介護を受けるものだと信じ、そのことに対して恐れを抱いている。だが、この時の調査では、床についていた百寿者たちが亡くなるまでの期間は、それまで私が思っていたほどには長くなかったのである。山形県藤島町で行った、四十歳以上で亡くなった方々のすべての家族を対象にした調査を通じて、一年以上寝たきりになった人の割合はたったの八％ほどだということがわかったのは、それから十五年以上経ってからのことだった（「地域における最終臥床期間に関する研究」一九九〇年）。

正常老化があるなら、異常老化もある

さて、まだ私が医学生だった、今から四、五十年ほど前には、「部分を合計すると全体になる」という考えが主流であった。眼は四十歳くらいから老視が始まり、耳も五十代には検査をすれば難聴が発見される。筋肉や骨は二十代の前半にピークがあり、それ以降衰えていく。個々の臓器が年と共に衰えていくのだから、全体としての人も年と共に衰えていくと考えるのが当然と思われていた。

米国の細胞老化の研究者であるストレーラーは、一九六二年に老化を次のように定義した。

（1）病気はすべての人に起こるわけではないが、老化はすべての人に起こる
——普遍性

（2）老化は、出産や成長のように人間に固有のものである――固有性
（3）老化は進行するのみであり逆戻りすることはない――進行性
（4）老化は人間にとって有害なものである――有害性

どうだろう。おそらく（4）の「有害性」という表現に多くの人は驚くに違いない。今だったら大変な問題になるところだ。しかし、この考え方は当時、当然のこととして受け止められ、その後も人々の心に定着していった。先に述べた「人は、能力も人格も加齢によって坂道を転げ落ちるように劣化していく」という考えの端緒はこのあたりにある。

一九七〇年になると、こういった通説をひっくり返すことになる一冊の本が出版された。『ノーマル・エイジング』。アメリカ・ノースカロライナ州にあるデューク大学が地域で自立した生活を送っている六十〜九十歳の住民二百五十六名を十五年間追跡し、人間がどのように年をとるかを調査したレポートである。

この本が何より人々を驚かせたのは、そのネーミングだった。六〇年代には「老化は有害」説が定着していたので、「正常に年をとる」ということは、まさに青天の霹靂だったのである。さらに、正常老化《ノーマルエイジング》があるのなら異常老化もあるはずであり、異常老化は病気一般と同じように、予防をしたりケアをしたりすることが可能なの

ではないかと考える人も現われた。

ストレーラーの時代には、老化により人格も劣化すると考えられていたが、認知能力の低下がない限り、人格が劣化することはないことも実証された。それまでは、たとえば老人が財布をどこかに置き忘れたのに、身内の誰かが盗んだのではないかと疑ったとしたら、すべて老化のせいにされていたのである。もちろん、これは認知症によるもので、老化によって疑い深くなったわけでないことは今の人ならわかるはずだ。

同じ年に出たボーボワールの『老い』も老化の研究に一石を投ずることになった。彼女は、人間の心身の衰えに必ずしも肯定的な考えを持っていたわけではないが、社会が老人のことを邪魔者扱いしていることを痛烈に批判。高齢者の安寧や価値は社会的な関係性において決定されると指摘したのだ。刮目《かつもく》すべきである。

日本では八割以上の老人が自立している

一九八〇年代に入ると、老いに対してさらに肯定的な考え方が次々と登場することになった。その中でも特に画期的なものを紹介しておこう。

1　人類の生存曲線は時代と共に次第に直角化していく（図1　人口学者フリーズ、一九八〇年）

一九〇〇年頃の生存率は、五十歳くらいまでに半分ほどに減少していた。一九八〇年には五十歳になっても出生した集団の約八〇％が生存している。平均寿命が八十五歳に達すると、おそらく七十歳未満で死亡する人は極めて少なくなる。なぜなら死の原因となる病気や障害の発生が、時代と共により高齢化（後送り）するからだ。一方、人間には百歳より少し上に限界寿命があり、誰もそれを超えて生きることができない。人は、その限界寿命の近くで、一年草木が秋に一斉に朽ち果てるように死亡する（直角型モデル）、という考え方だ。

私たちの研究でも、同じ地域の同一年齢であれば、以前の高齢者より現在の高齢者の方が老化度が低いことが示されている。

ちなみに、四〇％以上が九十歳を超えるに至った現在の日本人女性の生存のパターンはフリーズが理想とした直角型モデルを体現していることになる。

2　人間の能力は加齢と共に坂道を転げ落ちるように劣化するわけではなく、比較

図1　人はどのように老いてきたか

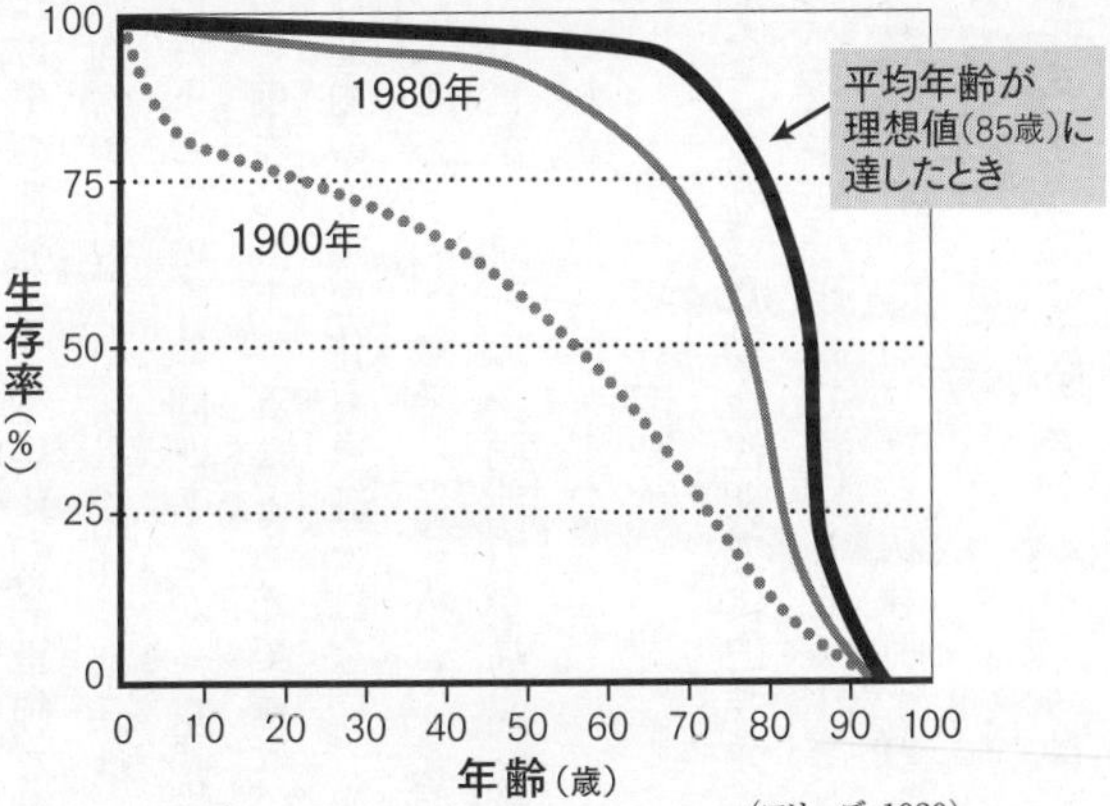

（フリーズ、1980）

図2　高齢者の生活機能（老化度）の偏差値モデル

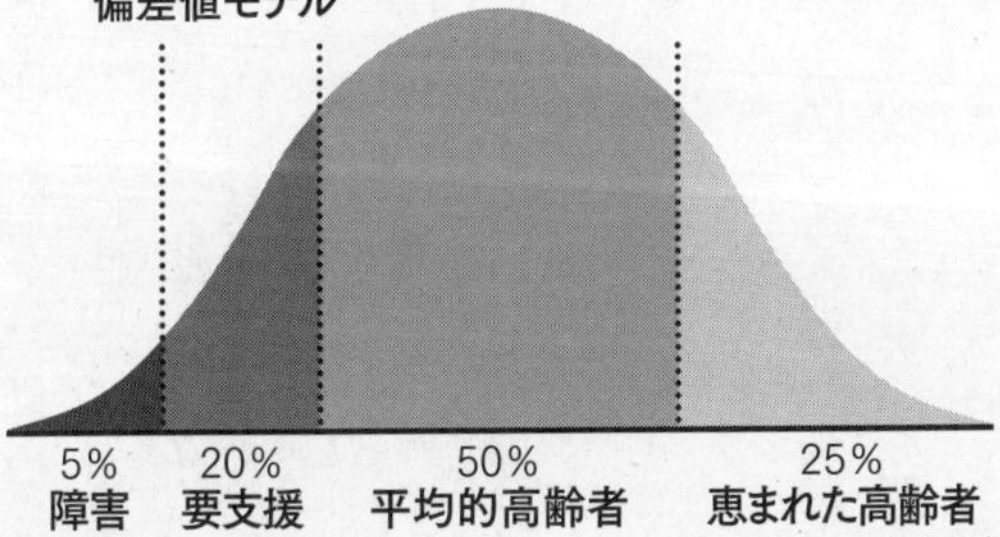

（シュロック、1980）

的死の間際まで保たれる

人間には車の運転のように比較的単純な動作性（流動性）能力と、概念を操作したり価値判断をしたりする言語性（結晶性）能力がある。動作性能力は中年以降、直線的に低下していく傾向があるが、言語性能力は加齢による低下が少なく、死の二年くらい前まで向上することも希《まれ》ではない。

動作性能力の加齢変化も単純ではない。十九〜七十二歳のタイピストたちにタイプを打ってもらったところ、若い人は字を見てから打つまでは速いが、高齢者は次に出てくる言葉に対して予測能力が高く、結局スピードに関しては年齢による差がないことがわかった（ソルトハウスら、一九八四年）。

3　英知をともなった動作性能力は生涯発達する

八十代の後半まで現役で活躍したルービンシュタインのピアノ演奏は加齢と共に熟達・円熟味を増していった。私も晩年のルービンシュタインの演奏に心惹かれている一人である。

この生涯発達理論の提唱者、バルテスは、ルービンシュタインが七十九歳のときにその円熟した演奏の秘訣を聞いている。ルービンシュタインは次のように答えた。

「若いときより指づかいは遅くなっている（喪失）。しかし、テンポにコントラストをつけることで早いパートが全体の中で早く感じられるようにする（補償）。演奏曲目を減らし、一つの曲の練習時間を増やす（最適化）ことを心がけている」

人は喪失をバネとして能力を熟成させていくことができるのである。

4　他から支援を受ける必要のある高齢者は二五％。それと同じ割合で恵まれた高齢者が存在する（243ページ・図2　シュロック「高齢者の相対評価の健康度の偏差値モデル」一九八〇年）

この考え方は、高齢になると自立した生活を送るのは難しいという常識と真っ向から対立するものであった。だが実際、当時のアメリカでは実に七五％の人が自立していたのだ。一方、日本では八〇％以上の高齢者が自立している。行政やマスコミの論調は、高齢化社会が進行するにつれて寝たきりや認知症の人が増加するという点でほとんど一致している。しかし、現実には八割以上の老人が自立しているということを覚えておいたほうがいいだろう。それだけでなく、図2の平均的な老人と恵まれた老人は社会貢献能力も高いことがわかっている。

寝たきり状態になったときのことを考え、用心深く将来への備えをしておくことは悪いことではない。とはいえ、いたずらに不安になる必要もないのだ。これまで見てきたように、老いに対する考え方は時代と共に激しく移り変わってきた。ボーボワールがいうように、どう老いるかはその時代の人々の先入観によって決まっていたといえなくもない。しかし今、私たちは五十年という歳月を経て、とうとう老いの本質を捉えることができるようになった。老いに対して素直に向き合えるときがようやく訪れたのではないだろうか。

BOOK
読書案内

名著で読む「老後」
老いの心と老いへの心

東谷《ひがしたに》　暁《さとし》
（ジャーナリスト）

谷崎潤一郎からシェイクスピアまで、名著に描かれた「老い」とは？
介護、認知症、愛と性……
老いの心理と老いに対する心理を知る19冊

　老いたときの心は、若い者にはなかなか理解できないだけでなく、老いた者にとっても客観視することが難しい。ここでは老いの心理と、老いに対する心理を知るヒントになる本を集めてみた。
　まず、高齢者の心理を教えてくれる本から始めよう。下仲順子の『老人の心理がわかる本』（河出書房新社）は心理学の立場から書かれた老いの心の入門書だ。年をとると頑固になるという説は本書によれば〈思いこみ〉であり、〈思考の柔軟性は落ちないどころか、少しずつ高くなる傾向さえ見られ〉るという。各種の調査も〈年をとっても頭がコチコチになることはない〉ことを証明している。

また、年をとると思考が低下するというのも必ずしも正しくない。清田一民の『正常な「老い」と異常な「老い」』（ちくま学芸文庫）によれば、〈知性的機能は年齢とともに若干低下しても、感性的機能が上昇することによって、感性と知性を相補的に働かせる「相補性思考」は、かなり高齢まで発達しうる〉という。

これと近いことを、東清和編『エイジングの心理学』（早稲田大学出版部）は、「流動性知能」と「結晶性知能」という言葉で述べている。〈流動性知能は青年期に頂点に達し、それ以後下降傾向を示す。一方、結晶性知能は老年期にいたっても低下しない。この違いは、前者が脳の神経生理学的機能に直結しているのに比べて、後者は経験という要因に依存しているために、加齢が逆に積極的な効果をもつためと考えられる〉。

認知症についても多くの誤解が存在する。たとえば、もの忘れが始まるとすぐに認知症だと思う人は多いが、これも間違っている。近藤勉の『よくわかる高齢者の心理』（ナカニシヤ出版）は〈高齢者は毎日が日曜であるため、日にちと曜日が正確に言えなくて当然〉であり、〈言えないからといって時間見当識が失われているとまではいえない〉。ただし、〈さっき言ったことを忘れたり、何度も同じことを聞いたり……「あれ」、「それ」を多発する。置き忘れが多い。簡単なお金の勘定ができない。世間のことに興味と関心を示さない、などがあると初期認知症を疑わねばならない〉。

黒川由紀子・斎藤正彦・松田修の『老年臨床心理学』（有斐閣）によると、認知症には、脳の器質的障害による「中核症状」と、心理社会的要因や性格が絡まって生まれる「周辺症状」があるという。〈中核症状としては、記憶障害、見当識障害、理解・判断力障害、実行機能障害などがある〉。一方、〈周辺症状としては、抑うつ、幻覚、妄想、せん妄、不眠などの精神症状や、興奮、暴力、徘徊などの生活への適応を妨げる行動である〉。

こうした多くの知識があっても、介護のさいに忘れてしまうことがある。それは高齢者にもプライドがあるという事実である。ＮＨＫ福祉番組取材班編『ＮＨＫすこやかシルバー介護　介護の心づかい　心のケア』（旬報社）は〈ご老人には長年生きてきた歴史、そしてプライドや生活習慣がありますし、おのおの考え方も違いますし、家族もまた考え方が違います。ですから、周囲の気づかい、周囲に対する遠慮などで、なかなか本音を出しにくくさせているといえます〉と指摘している。

老人は親しい家族に対しても、必ずしも本心を明かすとは限らないのである。

ここで視点を変えて、老いというものが文学において、どのように描かれてきたかを見てみよう。そこには、老いの心理に迫ろうとした努力の集積があるからだ。

水野裕美子は『叢刊・日本の文学19　日本文学と老い』（新典社）のなかで、比較文学の立場から〈老年を理想化し至福の時とする傾向は、日本ひいては朝鮮、中国といった東アジア全体に共通する支配的な傾向といってよい〉と論じる。〈時とともに滅びていく人間としてしか老人をとらえない西洋の文学。それに対して、日本の文学は、老人を時をこえて永遠に生き続ける神としてとらえる〉。

尾形明子・長谷川啓編の『老いの愉楽』（東京堂出版）は、日本近代文学の研究者たちによる「老人文学」の魅力を追求した本。編者はいう。〈少なくとも老年は、肉体の老衰に反比例して、人生を長く生き経験しただけ、蓄積豊かなゆとりある境地への到達、人生の黄金時代といえるのではなかろうか。……ある意味でもっとも自由な、放恣なほど自由な創造空間に耽溺でき、老いの過激性として考え直す必要があるかと思われる〉。

西洋文学における「老い」を扱った書物として、ここではシモーヌ・ド・ボーヴォワールの『老い』（人文書院）をあげておくことにする。実存主義による哲学論のわずらわしさもないわけではないが、下巻はほとんどが西洋文学に現れた文学者たちの「老い」に関するアンソロジーとなっている。〈早死にをするか、老いるか、これ以外のみちはない。それなのに、ゲーテも書いたように、「老齢《おい》はわれわれを不意に捉える」のである〉。

実際に何冊か小説をひもといてみることにしよう。伊藤整の『変容』（岩波文庫）は、作者が六十二〜六十三歳のときの作品で、タイトルが示すように、老境に入ろうとする画家・龍田北冥の心理を通じて、老年の性や人生の意味を追求する。〈すぐ鼻さきの歩道で、こちらに気づかずに歩いたり立ちどまったりしている母親たちが、私にはどれも幼く見える。……夫はきっと浮気をする。……やがて子供への期待は裏切られる。金銭上の欲望を抱いて屈辱にまみれ、老齢の不安におびやかされる。どれほどのことが行く手に自分を待っているかを知ったら、ああいう顔をして歩いていることはできないはずだ〉。

高齢化問題の先駆的作品として知られてい

るのが、丹羽文雄の『厭がらせの年齢』(新潮文庫)である。八十六歳に達した「うめ女」は、自分では何もできなくなっているのに、性格が悪く、しかも盗癖があるので、孫娘たちは介護を嫌って押し付け合う。〈それでもなお生きていなければならない無惨な運命に間違いなく落ち入るものだという理解や想像が出来たならば、いい加減然るべき怖気を感じて、ひとごととは思えなかったに違いないのである。自分らだけは、このような死にそこなって恥を晒す老人の組にははいらないのだと思っているらしい〉。

老人文学といえば必ず取り上げられるのが、谷崎潤一郎の『瘋癲老人日記』(中公文庫)。主人公の年齢は七十七歳で、谷崎も上梓したとき七十七歳だった。若い女性を愛するが、女性は老人を適当にあしらう。ところが、老人はそのことを喜んでいるらしい。〈コレモ一種ノ嗜虐的傾向ト云エバ云エヨウ。若イ時カラソウ云ウ傾向ガアッタトハ思ワナイガ、老年ニ及ンデダンダンヽトコンナ工合ニナッテ来タ〉。

老人の性を扱った小説として並び称される作品に川端康成の『眠れる美女』(新潮文庫)がある。この小説は若い女性の裸体が登場するのに、妙に抽象的な感じがする。それは主人公の江口が、睡眠薬を飲まされた若い女性たちと同衾《どうきん》する「眠れる美女」の家に、不能と偽って通っていることに関係があるようだ。しかし、そこ

に破断が訪れる。〈この家の禁制をやぶり、老人どものみにくい秘楽をやぶり、それをここからの訣別としたい、血のゆらめきが江口をそそり立てた〉。

目を西洋に転じて、シェイクスピアの『リア王』（新潮文庫）は、悲劇の最高峰とされる作品で、老人文学などではないという人も多いかもしれない。しかし、最近の文庫帯の「現代にも通じる、老親の悲劇」というフレーズに従えば、この作品も老境の心に迫った作品ということができる。リア王は言う。〈頼むから俺を嬲《なぶ》らないでくれ、俺は愚かな老いぼれ、丁度八十の坂を越えたところだ、……どうやらお前は知った人のようだ、この男も知っているような気がする、だが、それがはっきりせぬのだ、……この女人は、間違い無い、娘のコーディーリアのように思うのだが〉。リア王は長女と次女に裏切られて荒野をさまよい、唯一信頼できる三女に再会したときには、どうやら認知症の症状まで出ていたらしい。

バルザックの『ゴリオ爺さん』（新潮文庫）も、社交界に入って華やかな生活をおくる二人の娘に財産を奪われた気の毒な老人だ。バルザックはその内面の過程をゴリオ爺さんの台詞によって克明に書き込んでいる。父親の財産をふんだくったのに、死の間際になっても愛する娘たちは会いにこない。〈そしてかすかに、「ああ！　わしの天使たち！」と言うのが聞えた。……この父親の最後の吐息は、喜びの吐息だったにちがいない。この吐息が彼の一生の表現となった。彼はまだだまされつづけていたのである〉。敢えていえば、実の娘が加担したオレオレ詐欺に付け込まれたようなものだろう。

もちろん、最後まで闘おうとする老人もいる。ヘミングウェイの『老人と海』（新潮文庫）では、いちどは諦めかけた漁を、少年の言葉に刺激されて再開する。独りで漕ぎだして餌にかかったのは巨大な魚だった。格闘の末に捕獲に成功するが、こんどは獲物を食いちぎっていく鮫と闘わねばならなかった。〈かれは魚のことを考えるのが楽しかった。もしこれが、自由に泳ぎまわっていたら、鮫を相手にどんな武者ぶりを見せるか、老人はその光景を想像する。……「闘ったらいいじゃないか」とかれははっきりいった、「おれは死ぬまで闘ってやるぞ」〉。

老いについてのエッセイを二冊紹介しよう。アルフォンス・デーケンの『ユーモアは老いと死の妙薬』（講談社）は、老いの耐えがたさは孤独だという。〈老年期の孤独を乗り越えるには、二つの方法を合わせて行うのが良いと思う。その一つは、孤独に負けず、少しでも他人のために役立とうと、積極的に新しい「出会い」を求める生き方である。……もう一つは、孤独を恵みとして、素直に受け入れることである。独りぼっちであることは、決して無意味な時間ではない〉。

三浦朱門も『老年の品格』（海竜社）のなかで、ユーモアが老いをしのぎやすくすると説いている。〈つまり笑いの効用というのは、厳しい現状からの脱却〉であり、〈豊かな経験の蓄積〉を忘れず、〈現在の状況から一歩引いた、冷静さを持つ〉ように心がける。〈対象ではなく、現在の問題に苦しんでいる自分を第三者的に眺めて、その苦しみなるものが、主観的なものであって、少し立場を変えて眺めれば、そこには芸術も、笑いも生まれる、ということである〉。

最後に、不謹慎といわれるかもしれないが、吉田悦子の『老犬との幸せなつきあい方』（新星出版社）もあげておきたい。孤独が老いの最大の不幸であるのは人に限らない。〈不自由な体を抱えて誰にも訴えることもできず、ひたすら孤独に耐えて生きながらえているとしたら……。これは明らかな「虐待」といえるのではないでしょうか？〉。犬が晩年、飼主に寄り添うようになるのは知られている。そしてまた、放置された老犬は不安気に辺りを見回す。ここにもやはり老いの心がある。

文春文庫

老《ろう》後《ご》の真《しん》実《じつ》
不安《ふあん》なく暮《く》らすための新《あたら》しい常識《じょうしき》

定価はカバーに
表示してあります

2013年1月10日　第1刷
2013年11月25日　第9刷

編　者　文藝春秋《ぶんげいしゅんじゅう》
発行者　羽鳥好之
発行所　株式会社 文藝春秋

東京都千代田区紀尾井町 3-23　〒102-8008
TEL 03・3265・1211
文藝春秋ホームページ　http://www.bunshun.co.jp

落丁、乱丁本は、お手数ですが小社製作部宛お送り下さい。送料小社負担でお取替致します。

印刷製本・凸版印刷

Printed in Japan
ISBN978-4-16-721792-1